Schwäbisches Witze-Schatzkistle

Gefüllt von Winfried Wagner

Mit Zeichnungen von Björn Locke

W0052327

SILBERBURG

Winfried Wagner, 1949 in Metzingen geboren, gelernter Bankkaufmann, war Abteilungsleiter bei der Volksbank Metzingen, absolvierte 1972 bis 1976 ein Fernstudium an der Hamburger Autorenschule (Schriftstellerei, Journalismus, Film-, Funk- und Fernsehautor) und ist seit 1989 freier Schriftsteller, Humorist und seit 2006 auch Schauspieler.

1. Auflage 2019

© 2019 by Silberburg-Verlag GmbH,
Schweickhardtstraße 5a, D-72072 Tübingen.
Alle Rechte vorbehalten.
Umschlaggestaltung: Björn Locke, Nürtingen.
Lektorat: Diana Schmid, Nürnberg.
Druck: CPI Books, Leck.
Printed in Germany.

ISBN 978-3-8425-2199-5

Besuchen Sie uns im Internet und entdecken Sie die Vielfalt unseres Verlagsprogramms:
www.silberburg.de

Ihre Meinung ist wichtig für unsere weitere Verlagsarbeit. Senden Sie uns Ihre Kritik und Anregungen an: **meinung@silberburg.de**

Inhalt

A bissle neba dr Kapp — 4

Ällerloi Jurista — 8

Ältere Semester — 14

Beim Bund — 18

Beim Gebiss-Doktor — 22

Eheleba — 26

Gewerbetreibende — 37

Hoorbändiger — 48

Kender, Kender — 52

Ned von schlechte Eltern — 64

Pädagoga hends ned leicht — 68

Schmerz lass noch, dr Dokter kommt — 72

Was em Gschäft ällas bassiert — 78

Wer solche Fraind hod — 87

A bissle neba dr Kapp

Ein Ehepaar mittleren Alters sitzt am Frühstückstisch. Nachdem er seine Kaffeetasse ausgetrunken hat, schlägt er mit der Handkante die Tasse kaputt, isst die Scherben und legt den Henkel beiseite. Im Laufe des Tages vergisst die Ehefrau diesen Vorfall, erinnert sich aber beim nächsten Frühstück wieder daran, und tatsächlich schlägt ihr Mann, nachdem er ausgetrunken hat, die Tasse erneut kaputt, isst die Scherben und legt den Henkel beiseite. Er geht zur Arbeit und sie zu einem Psychiater. Sie erzählt, dass ihr Mann seit zwei Tagen die Frühstückstasse in Stücke schlagen, die Scherben essen und den Henkel beiseitelegen würde. Der Psychiater ist außer sich und ruft völlig hysterisch: »Ha, so ebbas hann i jo no nie ghört! Ha, des gibt's doch ned! Menschenskind, dr Henkl ischd doch s Beschde!«

A bissle
neba dr Kapp

Eine Nymphomanin kommt zum Psychiater. Dieser sagt: »Legad Se sich bitte auf d Couch.« »Älle Achtung«, meint die Dame da anerkennend, »woher hend Sie so schnell gwisst, was mir fehlt?« Da steht der Psychiater auf und ruft seiner Sprechstundenhilfe zu: »Frau Schmidt, Sie könnad sich den Nachmittag voll freinehma!«

Der erwachsene Sohn kommt nach Hause und verkündet: »Du Mama, dr Psychiater hod gsagt, i hedd an Ödipuskomplex!« Zärtlich streicht ihm die Mutter über das Haar: »Des macht nix, Bua, d Hauptsach ischd doch, dass du mi magschd!«

Ein Ehepaar sitzt beim Psychiater. »Onser Bua hockt dauernd em Sandkaschda ond baut Burga. Ischd denn des normal?« »Selbstverständlich! – Wieso denn ao ned?« »Ha, weil sich onser Schwiegerdochter deswega scheida lassa will!«

Ein völlig deprimierter Mann gesteht dem Psychiater: »Jeda Nacht träum i, dass i Torwart bei dr Nationalmannschaft ben. Was ka i denn dodrgega doa?« »Sie solldad sich vor em Aischlofa ablenka. Denkad Se doch oifach an a flotts Mädle!« »Des hann i scho gmacht, aber seither sitz i auf dr Reservebank!«

A bissle
neba dr Kapp

Herr Wöllerich liegt beim Psychiater auf der Couch und seufzt weinerlich: »Herr Dokter, älle behaupdad, i sei a Uhr!« Der Fachmann winkt beruhigend ab: »Ach was, die wellad Sie doch bloß aufzieha!«

Der Psychiater schaut sich die Personalien seines neuen Patienten an. Dann sagt er zu ihm: »Sie send jo Kfz-Mechaniker von Beruf. No legad Se sich mol besser onder des Sofa!«

Ein junger Mann kommt zum Psychiater und stöhnt: »I ka bloß bei offenem Fenschder schlofa!« »Kommad Se, des ischd doch koi Problem, des gohd mir genauso!« »Sie send aber koin U-Boot-Kapitän!«

Nach einigen Runden Bier am Stammtisch kommt Dietmar mit einer Frage daher: »Woiß eigentlich jemand, worom an Luftballon zom Psychiater gohd?« Keiner der Anwesenden weiß eine Antwort. Dann gibt er die Lösung bekannt: »Weil er Platz-Angschd hod!«

Der Psychiater fragt seine Patientin: »Frau Wengerle, welches war denn dr glücklichschde Dag en Ihrem Leba?« Worauf Frau Wengerle errötend haucht: »Des ischd a Nacht gwesa, Herr Dokter!«

A bissle
neba dr Kapp

Der Psychiater sagt zu seinem Patienten: »Also i glaub, mir hend Ihr Kleptomanie jetzt em Griff. Aber falls Se doch amol an Rückfall hann solldad: a goldena Taschauhr könnt i grad zemlich gut braucha!«

Der Psychiater nachdenklich zu seinem Patienten: »Soso, Sie könnad also Tag ond Nacht an nix anders denka, als an des viele Geld, des Sie besitzad. Machad Se sich koine Sorga, des Problem werdad mir noch zahlreiche Sitzunga beseitigt hann!«

In der Nervenklinik unterhalten sich zwei Patienten. »I glaub, i ben an Biskuit!« »Toll«, interessiert sich der andere, »ja, so an kleiner, ronder, knuspriger?« »Jo!« »Auch mit kleine Löchla drenn?« »Jo!« »Ätsch, no bischd du aber gar koin Biskuit, sondern an Kräcker!«

»Herr Doktor, i hann mitta em Spiel ständig Gelb ond Rot vor de Auga!«, klagt der Fußballer auf der Couch des Psychiaters. Der Fachmann wiegt nachdenklich den Kopf und rät: »Vrsuchad Se amol, mit ra weniger aggressiva Spielweise dem Schiedsrichter sai Farbaspiel zu beeinflussa!«

Ällerloi Jurista

Richter zum Landstreicher: »Der Kläger behauptet, Sie hätten ihn auf offener Landstraße überfallen.« »Moment amol, Herr Richter«, entgegnet der Angeklagte entrüstet, »i hann ihn lediglich um a Darleha bittet.« »Mit vorgehaltener Pistole?« »Jo, dui hann i ihm als Sicherheit ahbieta wella!«

Der Richter fragt die Zeugin: »Wie alt send Sie denn?« Beharrliches Schweigen seitens der Zeugin. Darauf der Richter verärgert: »Wenn Sie ned antwordad, lass i Sie von de Zuschauer schätza!«

Bei einem Scheidungsprozess fragt der Anwalt den Ehemann ungläubig: »Sie hend tatsächlich über zehn Johr nemme mit Ihrer Frau gschwätzt. Worom denn des?« Der Gatte zuckt mit den Schultern: »I hann Se hald ned onderbrecha wella!«

Der Sicherheitsbeamte hält einen Mann an, der mit einer Keule das Gericht betreten will, und fragt: »Was wellad Sie mit dera Keule do?« Der Mann erklärt ihm darauf: »I ben ahklagt ond ma hod mir gschrieba, dass i für mai Vrteidigung selber zom sorga hedd!«

Die junge Mutter wird von ihrer besten Freundin zum Vaterschaftsprozess begleitet. Der Richter fragt die Begleiterin: »Wer send Sie ond hend Sie ao a Ladung kriegt?« »Noe, mir hod er bloß an Kuss geba!«

»Ond wann hend Sie den ersta Verdacht gschöpft, dass Ihr Frau Sie betrügt?«, fragt der Richter beim Scheidungsprozess. »Na ja, wissad Se, i ben Vrtreter ond deshalb de ganz Woch auf Achse«, erklärt der Mann, »ond no ben i am Wochaende halt bsonders nett zu mainer Frau!« »Ja und?«, fragt der Richter ungeduldig. »Am Sonntagmorga, mir warad grad so richtig schee drbei, no hod dui alta Frau von nebaah gega d Wand ghämmert und gschriea: ›Könnad ihr denn ned wenigstens am Wochaende a Ruha geba!‹«

Ällerloi
Jurista

Der Richter vernimmt den Angeklagten: »Wo warad Sie en dera fraglicha Nacht zwischen zwei und drei Uhr?« Spontan erwidert der Gefragte: »Em Bett!« »Zeugen?« »I hanns vrsucht, Herr Richter!«

Am Stammtisch wendet sich Uwe an einen befreundeten Anwalt: »Wo i gestern a bissle früher vom Büro hoimkomma ben, hann i mai Frau mit ma andera Ma em Bett überrascht. Was ka i do, dass des ned wieder bassiert?« Der erfahrene Anwalt wiegt bedächtig sein ergrautes Haupt und meint: »Mach hald mehr Überschdonda!«

Der Richter schaut streng über seine Brille: »Angeklagter, was hend Sie noch dem Zeuga gworfa?« Eifrig erwidert der Mann: »Bloß Tomata.« »Ond wie erklärad Se sich dann die Beula an saim Kopf?« »Ha, wissad Se, die Tomata warad no en Dosa drin, Herr Richter!«

Der Weinhändler steht vor Gericht wegen Panscherei. »Herr Richter, i ben wirklich unschuldig! Des Wasser hend maine Kender en den Wai gleert!« Die Kinder werden als Zeugen aufgerufen und vom Richter befragt: »Hend ihr des Wasser en den Wai gschüddad?« »Jo, beim Schpiela.« »So, was hend ihr denn gschpielt?« »Waihändler!«

Ällerloi
Jurista

Der Richter schaut die Dame vor ihm sehr ernst an: »Sie sagad also, Ihr Mann hedd sich erhängt! Woher stammad denn dann die Beula auf saim Kopf?« Sie beginnt zu weinen und schluchzt: »Er hod a Gommi-soil gnomma!«

Der Angeklagte bittet vor Verhandlungsbeginn ums Wort: »Herr Verkehrsrichter, bevor mir ahfangad: Ihren Beisitzer rechts von Ihne muss i wega Befangaheit ablehna.« Irritiert fragt der Richter: »Mit welcher Begründung denn?« »Den hann i scho amol ahgfahra!«

Der Richter wendet sich an den Zeugen: »Ond Sie send sich sicher, dass der Angeklagte betrunka war, wo Sie ihn obends em Wald troffa hend?« »Do ben i ganz sicher, Herr Richter«, antwortet der Zeuge, »i ben grad drzukomma, wie der Ma mit ra Zigarett en dr Hand a Glühwürmle gfrogt hod, obs ihm ned Feuer geba däd!«

Der Richter schaut den Angeklagten verständnislos an: »Worom send Sie denn dreimol henderanander en des gleiche Gschäft aibrocha?« »Also, des war so: S erschde Mol hann i a Kloid für mai Frau mitgnomma ond die boide andere Mole hann ihs omdauscha müssa!«

Ällerloi
Jurista

Der Richter befragt im Scheidungsprozess einen der Zeugen: »Warad Sie drbei, wo der Streit der Eheleute Kommer ahgfanga hod?« Der Mann nickt eifrig: »Jo, i war oiner von de Trauzeuga!«

Susi düst die Straße entlang, da wird sie von einem Polizisten angehalten. Er schaut sie streng an: »Sagad Se mol, hend Sie des Schild mit dera Geschwindigkeitsbegrenzung ned gseha?« Susi anwortet empört: »Ja glaubad Sie em Ernst, i könnd bei der Geschwindigkeit ao no nebaher Schilder lesa?«

Der Richter fragt: »Erkennad Sie en dem Angeklagta den Mann wieder, der Ihne Ihr Auto gschdohla hod?« Der Geschädigte antwortet unsicher: »Noch der Rede vom Herrn Vrteidiger ben i mir ned amol mehr sicher, ob i überhaupt jemols a Auto ghed hann!«

Die Gattin eines Juristen stellt an ihn folgende Frage: »Schatz, seh i en dem Kloid dick aus?« Worauf er spontan entgegnet: »I mach von maim Auskunftsverweigerungsrecht noch Paragraf 55 der Strafprozessordnung Gebrauch, do i mi mit jeglicher Antwort selber belasta däd!«

Ällerloi
Jurista

Der Angeklagte wird der lang andauernden Befragung überdrüssig und schließlich bricht es aus ihm heraus: »Froga, nix als Froga, Herr Richter. Wär es ned gscheiter gwesa, Sie heddad sich vorher besser über den Fall informiert?«

Maier erscheint in der Anwaltspraxis: »Bitte, Herr Rechtsanwalt, i brauch a Auskunft. Hod an Ehemann des Recht, Briefe aufzumacha ond zu lesa, die an sai Frau adressiert send?« Der Anwalt schaut ihn nachdenklich an. »Des Recht hod er scho, aber hald meischdens ned dr Mut drzu!«

Der Scheidungsrichter zur Ehefrau: »Aber irgendwas muss Sie doch an Ihrem Mann früher amol fasziniert hann?« Sie nickt: »Ja sicher, aber des hann i bereits ällas ausgeba!«

Der Tathergang ist bisher nicht geklärt und der Richter fordert den Mann auf der Anklagebank auf: »Herr Streicher, jetzt erzähld Se ons doch amol, wie Sies gschafft hend, en des gut gsicherte Haus aizobrecha.« »Ned bös sai, Herr Richter, aber des gohd ned!« Der Richter konsterniert: »Worom denn ned?« »Wissad Se, auf dr Zuschauerbank sitzt de ganz Konkurrenz!«

Ältere Semester

Eine Gruppe älterer Unternehmerfrauen leistet sich eine Safari im Dschungel. Plötzlich taucht aus dem Dunkel ein Gorilla auf, reißt eine Frau an sich und verschwindet mit ihr. Die verbliebenen Damen sehen sich entsetzt an. Plötzlich sagt eine: »I möcht bloß wissa, was der ausgrechnad an dera fendad!«

»Wo nah so eilig?«, fragen zwei ältere Playboys zwei junge Mädchen, die gerade aus der Disco kommen. »Schnell hoim zo onsere Omas. Mir müssad dene doch saga, dass do ebbas Passends für se do ischd!«

Ältere
Semester

An der Kasse im Supermarkt lächelt die Kassiererin dem älteren Kunden freundlich zu: »Macht 37,45 bitte.« Der Kunde fragt zurück: »Wellad Se mi ned zerscht froga, ob i a Payback-Karte hann?« Die Kassiererin geduldig: »Hend Sie a Payback-Karte?« Der alte Mann lächelt freundlich und sagt: »Noe!«

Eine sehr alte, gebrechlich wirkende Frau bittet einen jungen Mann, sie doch über die Straße zu begleiten. Während sie über die Straße gehen, fragt er sie fürsorglich: »Wohnad Sie dort drüba?« Worauf sie den Kopf schüttelt: »Noe, aber do schdoht mai Motorrad!«

»De heutig Jugend hod oifach koine Maniera mehr!«, meckert ein älterer Herr im voll besetzten Bus. Sein Sitznachbar wundert sich ob der Äußerung: »Aber grad eba hod Ihne doch der nette Bua sain Platz ahbota.« Der Mann ärgerlich: »Des scho, aber mai Frau schdoht emmer no!«

Herr Wiedmann soll ein neues Hörgerät bekommen. Er geht zum Hörgeräteakustiker und fragt, welches Gerät das beste sei. Der Verkäufer: »Des Gerät do ka i Ihne empfehla. Des ischd kloi ond hod a sehr guta Hörleistung. I trag des selber scho seit viele Johr!« Da fragt der Kunde: »Ond was koschdad des?« Darauf der Verkäufer: »Noi, koi Angschd, des roschdad ned!«

Ältere Semester

Das hochbetagte Fräulein Wunderlich sitzt im Café. Ein junger Mann setzt sich, einen Kaugummi kauend, an ihren Tisch. Da lächelt ihn die alte Dame freundlich an und sagt: »Des ischd nett, dass Sie sich mit mir onderhalta wellad, aber i ben leider schwerhörig!«

»Entschuldigung, Sie hend sich grad auf Ihren Hut gsetzt!«, teilt der Fahrgast einer älteren Dame mit. »Ach du lieabe Zeit«, stöhnt diese, »ond i hann denkt, des sei dr Ihre!«

Ein 80-Jähriger kommt zur Fahrschule: »I will da Busführerschai macha.« Verwundert fragt der Fahrlehrer: »Wie kommad Se jetzt ao do drauf?« »Ha, mai Dokter hod gsagt, en maim Alter wär's besser, wenn i mit em Bus fahra däd!«

Der Reporter einer Tageszeitung fragte den hundertjährigen Glückspilz, was er denn mit seinem riesigen Lottogewinn machen wolle. Da kommt spontan die Antwort: »Den heb i mir für maine alde Dag auf!«

Eine ältere Männerstimme fragt am Telefon: »Hallo, ben i bei dr Stadtverwaltung?« Die Dame am Telefon antwortet: »Noi, i ben bei dr Stadtverwaltung. Sie send irgendwo do draußa ond telefonierad!«

Ältere Semester

Der 98-jährige Opa Waldemar aus dem Altenheim ist ständig hinter der jungen Schwester her. Als es ihr zu viel wird, meint sie lakonisch: »Sie, wenn Se jetzt ned aufhörad mit dem Nochstella, no sag i amol jo, ond was machad Se dann?«

An der Theaterkasse herrscht wieder einmal großer Andrang. Eine ältere Dame drängelt sich von der Seite her nach vorne. »Moment mol Oma, Sie schdellad sich gefälligschd henda en dr Roih als Letschda ah!« Doch sie lässt sich nicht abwimmeln und sagt mit gütigem Lächeln: »Des gohd ned, do schdoht scho ebber!«

Die Verkäuferin ist außer sich vor Begeisterung: »Der Hut macht Sie mindestens zehn Johr jünger, glaubad Se mirs!« »No nemm i den ned!« »Ja, om Hemmels willa, worom denn ned?« »Moinad Sie vielleicht, i will zehn Johr älter ausseha, wenn i da Hut ronder dur?«

Eine alte Dame beginnt ihre erste Seereise. Der Kabinen-Steward schaut nach ihr: »Kommen Sie mit allem zurecht?« Die Passagierin ist begeistert: »Es ischd ällas wunderbar.« Dann zeigt sie auf das Bullauge: »Vor ällam der geräumige Wandschrank, was do ällas nai-gohd!«

Beim Bund

Der Leutnant lässt einen Unteroffizier zu sich kommen und gibt ihm den Auftrag: »Überprüfad Se mol d Vrgangaheit vom Soldat Huber. Der Kerle wischt nämlich noch jeder Schießübung saine Fengerabdrück vom Gwehr!«

Der Kompaniechef fragt misstrauisch: »Soldat Müller, i begreif des ned. Scho zom vierta Mol wellad Sie an Sonderurlaub, weil Ihr Großvatter em Sterba liegt.« Der Soldat nickt betrübt: »Jetzt glaub i langsam ao, dass dr Oba simuliert!«

Beim Bund

Auf der Schwäbischen Alb ist ein großes Manöver im Gange. Vor einer Brücke steht ein Schild mit der Aufschrift »Gesprengt!«. Der General sieht von seinem Kommandostand aus völlig fassungslos, wie eine ganze Kompanie gemütlich weitermarschiert. Der letzte Soldat hat ein Schild auf dem Rücken. Der General reißt den Feldstecher hoch und liest: »Mir schwemmad!«

Der Feldwebel brüllt den Rekruten an: »Sie sollad gsagt hann, onser Herr Oberst sei an Halbdackl! Stemmt des?« Der Rekrut schüttelt energisch den Kopf: »Ausgschlossa! I vrrot doch koine militärische Geheimnisse!«

Der Feldwebel knöpft sich einen Soldaten vor: »Schütze Blümle, Sie hend sich beschwert, dass en dr Tomatasupp heut Sand gwesa sei? Wissad Sie eigentlich, worom Sie überhaupt do send?« Der Schütze Blümle nickt: »Jawoll, Herr Feldwebl! I ben do, om mai Vaterland zom vrteidiga, aber ned, om es noch ond noch aufzomessa!«

Der ehemalige Rekrut trifft seinen damaligen Leutnant wieder und fragt: »Herr Baumschneider, wissad Sie eigentlich, wie ma an Halbdackl neugierig macht?« Der Mann beugt sich interessiert nach vorne: »Noi, wie denn?« »Des erzähl i Ihne morga!«

Beim Bund

In einer Instruktionsstunde nimmt der Truppenarzt vor dem Auslandseinsatz auch Maßnahmen zur Entkeimung des Trinkwassers durch. »Also, was dend Sie, om Trinkwasser keimfrei zu macha?«, fragt er einen der Teilnehmer. »Erschd dur i s Wasser abkocha ond no filtriera.« »Sehr gut! Ond was no?« »Ha, no trenk i sicherheitshalber Bier!«

Der Soldat kommt zu seinem Vorgesetzten: »Herr Leutnant, i bitte om Sonderurlaub. Mai Frau hod Zwilling kriegt!« »Alle Achtung! Ond die send boide von Ihne?« Der Soldat zuckt die Schultern: »I hoffs jedenfalls. Obwohl, i hann jo domols bloß oin Dag Urlaub ghed!«

Der Marineoffizier versucht, seine neuen Schützlinge seemännisch auszubilden. Er fragt: »Wenn ein Stück Land in das Meer hineinragt, ist das eine Landzunge. Wie nennt man es, wenn das Meer ein Stück ins Land hineinragt?« Da meldet sich der Hannes aus Schwaben: »Des ischd beschdimmt a Seezunge!«

Der Kapitän fragt den neuen Matrosen-Anwärter: »Sie möchdad also bei mir anheuera. Könnad Sie denn überhaupt schwemma?« »Noe, des ned, aber en 23 Sprocha om Hilfe rufa!«

Beim Bund

Reserveübung. Der General lässt die Kompanie antreten, geht auf den Hauptmann zu und schüttelt ihm die Hand: »I gratulier Ihne zu dieser tollen Truppe. Fünfmol send Se vom Gegner zurückgschmissa worda ond emmer wieder send die Männer noch vorna gschtürmt.« Meint der Hauptmann: »Wissad Se, Herr General, des send ällas Handelsvertreter!«

Ein Zeitsoldat schreibt seiner Frau nach Hause: »Ich benötige etwas Geld für Zigaretten und so weiter, mit 300 Euro müsste ich die beiden nächsten Monate überstehen.« Sie schreibt ihm zurück: »Hier sind 30 Euro für Zigaretten, und das ›und so weiter‹ wartet zu Hause kostenlos auf dich!«

Der Leutnant fragt: »Schütze Rösler, wie vrhaldad Sie sich, wenn des Kommando ertönt: Freiwillige vor?« Der Soldat nickt: »Ganz oifach, i gang auf d Seit, dass die Freiwillige vorganga könnad!«

Der Wehrdienstleistende fragt seinen Schulkameraden: »Sag mol, Basti, worom hoschd du eigentlich ned zom Bund müssa?« »Du, ehrlich, i woiß ao ned«, erwidert dieser ratlos, »drbei hann i extra no mit dem Musterungsarzt om 1000 Euro gweddad, dass i tauglich ben!«

Beim Gebiss-Doktor

Beim Zahnarzt liegt ein Patient im Behandlungsstuhl und weigert sich, seinen Backenzahn ziehen zu lassen. Der Zahnarzt weiß sich zu helfen und schenkt ihm einige Gläschen Schnaps ein. Dann fragt er ihn: »Hend Se jetzt mehr Mut kriegt?« Der Patient nickt: »Ond ob! Den möcht i seha, wo sich jetzt no traut, noch maim Backazahn zom langa!«

Im Boxring dreschen zwei Schwergewichtler aufeinander ein. »Schlag zu, Egon, schlag zu!«, brüllt ein Zuschauer gleich vorne am Ring. Da fragt ihn sein Nebensitzer: »Send Sie an Fan vom Egon?« »Noi, aber dr Zahnarzt von saim Gegner!«

Beim
Gebiss-Doktor

Die Ehefrau kommt freudestrahlend ins Wohnzimmer und verkündet: »Dr Zahnarzt hod gsagt, i brauch ohbedengt a Krone!« Der Ehemann lässt die Zeitung sinken und fragt: »Ond?« Seine Gattin triumphierend: »Endlich amol ebber der mi vrschdohd!«

Der Zahnarzt schmunzelnd zum ängstlich blickenden kleinen Patienten: »So Kasimirle, jetzt machschd du amol dain Mund ganz weit auf ond beißt feschd daine Zähn zemma!«

Der kleine Kasimir kommt vom Zahnarzt nach Hause und die Mutter fragt besorgt: »Ond, hods weh doa?« Darauf der Junge: »Jo, Mama, dr Zahnarzt hod ganz laut gschriea, wo i ihn end Hand bissa hann!«

Später wird Kasimir von seinem Schulfreund Tim gefragt: »Sag mol, dud jetzt dain Zahn emmer no weh?« Kasimir zuckt mit den Schultern: »Koi Ahnung, dr Zahnarzt hod ihn bhalta!«

Der Zahnarzt hat eine Autopanne. Er holt seine Werkzeugtasche aus dem Kofferraum, öffnet die Kühlerhaube, greift nach der Zange und murmelt: »Jetzt wirds a bissle weh do!«

Beim Gebiss-Doktor

Ein Mann wird in das Behandlungszimmer des Zahnarztes gerufen. Schlotternd vor Angst setzt er sich auf den Behandlungsstuhl. Es ist leicht zu erkennen, dass er sich äußerst unwohl fühlt. Der Zahnarzt spricht den Patienten an: »Also bitte, Sie brauchad doch koi Angschd hann, es dud ao beschdimmt ned weh!« Da knurrt ihn der Patient an: »Lassad Se die domme Sprüch, i ben selber Zahnarzt!«

Herr Müller wühlt nervös in seiner Geldbörse. Der Zahnarzt sagt freundlich zu ihm: »Sie brauchad nix zahla, des wird über d Krankakass abgerechnad!« »Will i jo ao ned«, raunzt der Patient, »i zähl bloß mai Geld, bevor Sie mi betäubad!«

Wütend brüllt der Schwabe seinen Zahnarzt an: »Was, 120 Euro für an Zahn zieha?« Der Zahnarzt nickt: »Was wellad Se macha, der Zahn muss raus!« Doch der Patient nimmt seinen Mantel und ruft zum Abschied: »Do zettle lieber en mainer Stammboiz a Schlägerei ah!«

Verständnisvoll blickt der Zahnarzt den Privatpatienten an und verkündet: »Dui Rechnung schick i Ihne dann erscht en ma Viertljohr.« Erstaunt erkundigt sich der Mann: »Ja, wieso denn des?« »I will ned, dass Sie mit Ihre neue Zähn glei so knirschad!«

Beim
Gebiss-Doktor

Die Zahnarzthelferin zum Patienten: »So weit brauchad Se Ihren Mund ned aufmacha!« Der Mann entschuldigend: »I hann hald denkt, dr Herr Dokter braucht Platz für die Instrumente.« Da schmunzelt der Zahnarzt: »Des ischd scho richtig, aber i selber bleib jo draußa!«

Frau Vielhaber telefoniert mit ihrem Zahnarzt: »Mai Backa ischd gschwolla. Ischd des schlemm?« »Eigentlich beunruhigt mi des ned«, versichert ihr der Dentist. Da keift die Frau zurück: »Ja, wissad Se, wenn Ihr Backa gschwolla wär, däd mi des ao ned weiter beunruhiga!«

Der Zahnarzt schüttelt bedenklich den Kopf: »Oh je, des sieht gar ned gut aus. I glaub, den Zahn spritz i Ihne no ai, bevor i ihn ziehg.« »Kommt überhaupt ned en Frog, Herr Dokter!«, poltert der Patient los, »der Zah hod mi scho so plogad, jetzt soll er ruhig ao mol leida!«

Lange nach dem Ende der Sprechstunde klingelt beim praktischen Arzt das Telefon. »Ach, Herr Dokter, hann i zufällig bei Ihne main BH liega lassa?«, fragt eine junge Dame vorsichtig. Der erstaunte Arzt verneint. Worauf die Patientin sich entschuldigt: »Ach, no wars sicher beim Zaharzt!«

Eheleba

Die Ehefrau ist empört: »Ned scho wieder an FKK-Urlaub!« Ihr Mann fragt sie verwundert: »Wieso denn ned?« Da wird seine Gattin noch lauter: »I will endlich ao mol wieder an neua Bikini hann, du Geizkraga!«

Eine Frau besucht ihren Mann im Gefängnis. Dieser fragt besorgt: »Sag mol, Ingeborg, wie kommschd denn du mit em Geld zrecht?« »Ach, ganz gut!«, beruhigt sie ihn. »Mit dera Belohnung, dui auf di ausgsetzt war, ka i gut ond gern no a baar Johr leba!«

Eheleba

Reinfried will sich schnäuzen, muss aber vorher noch einen Knoten in seinem Taschentuch lösen. Sein Kollege hat dies beobachtet und fragt: »Was bedeudad denn der Knota en daim Daschaduch?« »Den hod mai Frau gmacht, dass i ned vrgess, den Brief bei dr Post aizomwerfa.« »Ond, hoschd du ihn aigworfa?« »Noe, se hod vrgessa, ihn mir mitzomgeba!«

Frau Bläderle kauft in der Bäckerei ein. Verzweifelt sucht sie in ihrer Handtasche den Geldbeutel. Dadurch kommt auch ein Gebiss zu Tage. Die Bäckersfrau fragt lachend, wessen Gebiss das denn sei. Da gesteht die Kundin: »I hann maim Ma saine Zeh vorsichtshalber mitgnomma, sonschd frisst der mir drhoim dr ganze Kühlschrank zemma!«

Die junge Ehefrau wird so langsam wütend und schließlich bricht es aus ihr heraus: »Dauernd brüteschd du über daine blöde Kreuzworträtsel. Sag doch mol ebbas Netts zo mir!« Er nickt freundlich: »Gern, wie viel Buchstaba soll des denn hann?«

Die tierliebe Ehefrau sieht im Kontoauszug ihres Mannes hinter einem 2000-Euro-Betrag den Vermerk »Für Miezen«. Sie strahlt ihn freudig an und meint: »Kai-Friedrich, i ben stolz auf di. Du schbendierschd Geld für streunende Katza!«

Eheleba

Mathilde gesteht ihrem Mann missmutig: »I hann eigentlich überhaupt koi Lust zo dem langweiliga Spieleobend bei Kächales zom ganga.« Er nickt bedächtig: »I ao ned, aber stell dir mol vor, wie die sich fraia dädad, wenn mir absagad.« Sie eifrig: »Du hoschd recht, komm, zieh de dapfert ah, mir gangad!«

Sie wütet: »Jetzt ischds nachts am zwoi! Wo warschd du, wieso riechschd du noch Alkohol, ond was macht der Lippastift auf daim Hemdkraga?« Der Gatte antwortet lakonisch: »I sag lieber nix, weil an Teil von maine Antworta däd di bloß vrunsichera!«

Die etwas korpulente Ehefrau meint mit treuherzigem Blick: »Guck mol Eberhard, den trag i jetzt scho über sechs Johr, ond der basst mir emmer no!« Ihr Mann entgegnet missmutig: »Ja gut, des ischd jo ao an Schaal!«

Die Ehefrau knöpft sich ihren Gatten vor: »I hann ghört, gestern hod beim Stammtisch oiner a Flasch Wai für denjeniga gschtifdad, der wahrheitsgemäß behaupta ka, er hedd während sainer Ehe no nie era andera Frau an Kuss geba. Ond no ischd mir gsagt worda, dass sich koi oinziger gmeldad hod. Worom hoschd denn du di ned gmeldad?« »Ach so«, stottert der Mann, »du woischd doch, dass i lieber Bier trenk!«

Eheleba

Aufgeregt kommt eine Frau aufs Polizeirevier: »Mai Ma ischd seit a baar Dag vrschwonda.« Geschäftsmäßig fragt der Beamte: »Ischd Ihne denn ebbas am Vrhalta von Ihrem Ma aufgfalla?« Nachdenklich antwortet sie: »Eigentlich ned. Högschdens, dass er zom Dschogga zwoi Koffer mitgnomma hod!«

Der wohlhabende Bruckmaier wünscht sich von seinen Kindern zum Geburtstag ein Album mit Porträts der gesamten Familie. Zwar wundert man sich darüber, da der alte Mann nicht gerade für seinen Familiensinn bekannt ist, aber man kümmert sich um den Wunsch und überreicht ihm das Geschenk zum Geburtstag. Bruckmaier Senior übergibt das Album seiner neuen Frau und sagt zu ihr: »Merk dir die Gsichter gut. Ond wenn oins drvo bei ons auftaucht, no ben i vrreist!«

Wütend brüllt der Ehemann: »Seit siebzehn Johr korrigierschd du mi scho, egal was i sag!« Worauf die Ehefrau einwirft: »Seit achtzehnahalb Johr, mein lieber Schatz, seit achtzehnahalb Johr!«

Die Ehefrau bittet ihren Mann, ihr die ersten Begriffe für die Fahrschule beizubringen. Sie setzt sich ans Steuer und fragt: »Was muss i jetzt do?« Der Mann erklärt süffisant: »Ällas des, was du mir roteschd, wenn i fahr!«

Eheleba

Im Fernsehen kommt ein Bericht über die Erkürung des schönsten Mannes Deutschlands. Fragt der Ehemann seine Frau: »Hoschd du scho mol an Ma gseha ond dir gwünscht, wieder Singel zom sai?« Sie bestätigt daraufhin: »Jo, jeden Morga!«

Frau Reichel liest ihrem Mann aus der Zeitung vor: »Denk no, Eduard, do schdoht, dass Männer, die an dr Stirn d Hoor vrlierad, Denker seiad ond die, wo henda a Glatze kriegad, geldad als Frauahelda.« Interessiert fragt der Ehemann nach: »Ond, was ischd mit dene, wie i, wo a Vollglatze hend?« »Die denkad se seiad an Frauaheld!«

Kurz vor der Reise in die Karibik sucht die Ehefrau verzweifelt nach ihrem Super-Mini-Tanga. Schließlich bricht sie in Tränen aus. Ihr Mann versucht sie zu trösten: »Vielleicht hod ihn a Mott gfressa?«

Es ist eine klirrend kalte Nacht. Die Ehefrau zittert unter der Bettdecke. Da lässt sie ihren Ehemann durch die Blume wissen: »Wenn i als Kend gfrora hann, hod mi mai Mama emmer en Arm gnomma ond gwärmt.« Worauf er aufbrausend ruft: »Vrlangschd du etwa von mir, dass i mittla en dr Nacht aufschdand ond dai Mudder hol?«

Eheleba

Die Ehefrau macht im Büro ihres Mannes sauber. Sie sieht auf dem Schreibtisch einen Aktenordner liegen und blättert darin. Da kommt ihr Ehegatte zur Tür herein. Empört faucht sie ihn an: »Sag mol, muschd du ohbedenkt maine Rechnunga vom Zahnarzt und dr Kosmetikere onder Wartung ond Reparatura ablega?«

Ein älteres Ehepaar geht spät noch durch den Stadtpark nach Hause. Da bleibt sie stehen, schaut zu den Sternen auf und sagt versonnen: »Du Erwin, glaubscht du, dass mir ons em Hemml amol wiedersehad?« Worauf er losbrüllt: »Des ischd doch wieder typisch für di! Jetzt muscht du oim den schena Obend vrsaua!«

Außer sich vor Wut stürzt die Ehefrau in das Wohnzimmer und brüllt los: »Du elendiger Erdafetz, i woiß ällas!« »Jetzt komm, übertreib no ned!«, antwortet ihr Ehemann gelassen. »Wann war no zom Beispiel dui Schlacht em Teutoburger Wald?«

»Woischt du, was heut en dr Zeitung gschdanda ischd?«, ruft der Mann aus der Küche. »Noe!«, tönt es aus dem Wohnzimmer. »Dass Partnerschafta, en dene Mann ond Frau de gleiche Rechte ond Pflichta hend, stabiler send wie andere!« »So ein Leddagschwätz!«, ruft sie wieder zurück, »spül dapfert weiter, des ischd gscheiter!«

Eheleba

Ein älteres Ehepaar sitzt im Kino. Sie flüstert ihm zu: »Ob die wohl am Schluss heiradad?« »Ganz bestimmt«, flüstert er zurück, »solche Film gangad selta gut aus!«

Frau Bächtle klärt die Nachbarin auf: »Wissad Sie ao, dass Ihr Ma älle jonge Mädla hendadrai saud?« »Jo, aber s regt mi ned auf!«, nickt diese. »Des ischd mit dem wie bei de jonge Hond, wo jedem Audo hendadrai sauad, aber gar ned wissad, was se macha sollad, wenn se amol ois vrwischad!«

Jasmin flüstert ihrem Karl-Heinz zu: »Du, i fürcht, die Leut en onserer Reisegsellschaft glaubad gar ned, dass mir vrheiradad send.« »Des hend mir glei«, erwidert er, »ab sofort trägschd du onsere Koffer.«

Nach 15 Jahren Ehe erklärt Lukas seiner Frau: »I hann a Geliebte. Aber bevor du di aufregschd, maine Kumbl Peter ond dr Mario hend ao oine. Onsere drei Freundinna danzad em Ballett von dr Silber-Bar.« Sie will sich die Damen mal ansehen. In der Vorstellung erklärt er ihr: »Dui Blonda ghört zom Peter, de Braunhoorig zom Mario ond dui Rota zo mir.« Nach längerem Schweigen sagt seine Frau: »Woischd was, Schatz, onsera gfällt mir am beschda!«

Eheleba

Die Ehefrau sagt sorgenvoll zu ihrem Mann: »Du, Egon, i glaub, mit onserer Jonga stemmt ebbas ned.« »Worom denn?« »Dui strickt dr ganz Dag Stramplhösla ond Babyjäckla!« »Ach, lass se doch«, beruhigt er sie, »no fangt se scho so lang nix mit Kerle ah!«

Der Ehemann steht im Bad vor dem Spiegel und rasiert sich. Da schmiegt sich seine Gattin an ihn und schnurrt: »Soll i dir erzähla, was i geschdern ällas aikauft hann?« Da ruft er entsetzt aus: »Auf koin Fall, solang i des scharfe Rasiermesser am Hals hann!«

Gedankenverloren singt die Ehefrau bei der Hausarbeit vor sich hin. Ärgerlich kommt ihr Mann zur Tür herein und schimpft: »Du heddeschd doch aber wirklich ao saga könna, dass du singschd! Jetzt öl i scho seit ra halba Schdond onser Gartatürle!«

Die Ehefrau bekommt von ihrem Mann zur Silberhochzeit einen wunderschönen Brillantring. Sinnend betrachtet sie das wertvolle Schmuckstück und meint: »Vrsprich mir, dass den Reng koi andera Frau traga wird, wenn i amol nemme ben.« Da beruhigt sie der Gatte: »Also, erschdens bischd du jo beschdimmt no a Weile do, ond zwoitens hod dui andere viel kräftigere Händ als du!«

Eheleba

Der Moderator fragt die Kandidatin in der Quizsendung: »Mit wem würdad Sie lieber eine Nacht vrbringa: A) Mit Ihrem Mann, oder ...« Da unterbricht ihn die Kandidatin und ruft: »B!«

Aufgeregt rüttelt der Ehemann seine Frau wach und brüllt: »Schnell, zieh de ah, s Haus brennt!« Fragt sie zurück: »Soll i des Hellgrüne mit de gelbe Tupfa ahziega, oder des blaugschdroifte Kloid?«

Die Ehefrau des Direktors stellt ihren Mann zur Rede: »Onser Dienstmädle behauptet, sui sei schwanger!« Da winkt er lächelnd ab: »Des ischd doch Quatsch. Ned amol dr beschte Frauaarzt ka des noch zwoi Dag scho feschtschdella!«

Wieland, der alte Meckerer, kommt nach Hause, schnuppert in der Luft herum und fragt seine Frau: »Sag mol, hosch du kocht, oder vrbrennt onser Nochber wieder amol saine Gartaabfäll?«

Herr Rebscher wollte die Dachrinne reinigen, als seine Leiter einfach wegkippte. Im freien Fall kommt er am Küchenfenster vorbei und ruft: »Du, Schatz, für mi nix macha, i ess heut em Krankahaus!«

Eheleba

»Main Ma ond i hend de gleiche Interessa!«, erzählt Frau Müller ihrer neuen Nachbarin und fügt hinzu: »Es hod allerdings zehn Johr braucht, bis er des begriffa hod!«

Ein Mann fragt seine Ehefrau: »Schatz, was wünschst du dir denn zu Weihnachta?« Sie antwortet verbittert: »D Scheidung!« Worauf er sofort kontert: »Ha, so viel hann i eigentlich ned ausgeba wella!«

Der junge Ehemann kommt zu seiner Frau in die Küche und drängelt: »Schalt ao da Herd auf de högschd Stuf, dass des Essa schneller ahbrennt. Mir kommad sonschd zu spät ens Restaura!«

Das junge Ehepaar sitzt am Sonntag beim Mittagessen. Sie schaut ihn fragend an und meint: »Ond, wie schmeckt dir des Essa?« Mürrisch schaut er vom Teller auf und bruddelt: »Worom frogschd, suchschd scho wieder Händl?«

Marianne gesteht ihrer Freundin: »Mit maim Ma wirds emmer schlemmer.« »Worom, was ischd los?«, fragt diese mitfühlend. »Hender jedem Rock ischd der her. Letschd Woch hedd ihn fast an Schotte zemmagschlaga!«

Eheleba

Der fußballfanatische Ehemann sitzt gebannt vor dem Fernseher. Im Nebenzimmer steht seine Frau auf der Leiter und hängt Vorhänge auf. Plötzlich ist ein dumpfer Rumpler zu hören, und dann ertönt leise die Stimme der Ehefrau: »Schatz, könndeschd du bitte en dr Halbzeitpause an Krankawaga rufa?«

Der Bräutigam wacht am Morgen nach der Hochzeitsnacht auf und sieht, wie seine Braut schon eine Nachricht in ihr Handy tippt. Sie sieht, dass er wach ist, und fragt: »Du Schatz, wie schreibt ma Fiasko?« »Worom willscht denn du des wissa?« »Ach do, i schreib grad mainer Mutter!«

Der Bräutigam fragt in der Hochzeitsnacht: »Ben i wirklich dain erschder Ma?« Entrüstet antwortet sie: »Selbstverständlich! – Aber komisch ischd des scho.« »Was denn?« »Dass ihr Männer emmer s Gleiche froga müssad!«

Ein junger Pfarrer bestreitet seine erste Trauung. Er beendet seine Ansprache mit den Worten: »Kraft meines Amtes erklär i Sie hiermit zu Mann ond Frau. Sie dürfad jetzt Ihren neua Facebook-Status posta!«

Gewerbetreibende

Albert verlangt in der Apotheke ein Haarwuchsmittel. Er fragt den Apotheker: »Wirkt des Mittel ao?« Der Apotheker beruhigt ihn: »Wenn Se a baar Tropfa drvo auf an Bleistift gebad, hend Se am nägschda Dag a Zahnbürscht.«

Aufgeregt rennt der Apotheker einem Kunden nach, holt ihn schließlich ein und keucht entsetzt: »I hann Ihne grad schdatt ma Schächtale Aspirin a Packung Strychnin vrkauft!« »Ond was ischd des für an Onderschied?«, will der Kunde mürrisch wissen. Der Apotheker wischt sich den Schweiß von der Stirn und schnauft: »Strychnin ischd ebbas teurer!«

Eine sehr attraktive junge Dame kommt in die Apotheke. Dort sieht sie in der Ecke eine Waage stehen. Sie kramt ein 10-Cent-Stück aus ihrer Geldbörse, wiegt sich und schreit entsetzt auf. Rasch legt sie Mantel und Hut ab, ergreift noch eine Münze und wiegt sich erneut. Sie zieht Schuhe und Pullover aus, nimmt das nächste Geldstück und betritt abermals die Waage. Da stellt sich der Apotheker neben sie und sagt: »Machad Se no weiter so, schöns Fräulein, ab jetzt gohds auf Kosta vom Haus!«

Ein Junggeselle gewinnt eine Weltreise mit einem Kreuzfahrtschiff. Sein Kumpel gibt ihm den Tipp, sich rechtzeitig mit Verhütungsmitteln einzudecken, da möglicherweise viele interessierte Singledamen an Bord sein könnten. Doch er zögert wegen seiner hohen Anfälligkeit für Seekrankheit. Der Kumpel rät ihm zu Tabletten gegen Übelkeit. Der Junggeselle geht in die Apotheke und verlangt 50 Tabletten gegen Übelkeit und 50 Kondome. Der Apotheker schaut ihn mitfühlend an und meint dann: »Also, es goht mi jo nix ah, aber worom lassad Ses denn ned bleiba, wenn Ses ned vrtragad?«

Ein Mann kommt in die Apotheke: »I hedd gern Acetylsalicylsäure!« »Sie moinad wohl Aspirin?«, erkundigt sich der Apotheker. »Genau!«, nickt der Kunde aufatmend, »i ka mir bloß dieses schwierige Wort nie merka!«

Gewerbe-treibende

Ein hoher Politiker hat den Abend mit einem Callgirl verbracht und wundert sich, wie wenig Geld sie von ihm verlangt. Er gibt ihr den väterlichen Rat: »Du vrkaufsch di onder daim Wert, ond ehrlich, i vrschand ned, wie du auf daine Kosta kommschd!« »Es goht scho«, antwortet sie bescheiden, »woischd, i hann nebaher no a gut gehenda Erpresserei!«

Der Stadtpfarrer begegnet zufällig dem Bürgermeister und informiert ihn, dass in der Nacht ein Gemeinderat verstorben sei. Der Bürgermeister antwortet lapidar: »So?« Der Geistliche fragt etwas verwundert: »Ja endressiert Sie denn ned, wer des ischd?« Der Bürgermeister zuckt mit den Schultern: »Ach, wissad Se, Herr Pfarrer, mir ischd jeder recht!«

Ein Kunde klagt über Verstopfung. Der Apotheker rührt ihm Glaubersalz an und fragt: »Hend Se weit hoim?« »Noe, bloß bis zur Bachstroß 19, vierter Stock.« Der Apotheker nickt: »Des langt!« Am nächsten Tag ruft der Kunde an: »Des Mittel hod prompt gwirkt, Sie hend bloß vrgessa, den Weg von dr Wohnungstür aufs Klo mit naizomrechna!«

Zwei Männer treffen sich im Wald. Erkundigt sich der eine leutselig: »So, send Se ao Jäger?« Der andere nickt bestätigend: »Jo!« »Rotwild?« »Noi, Schürza!«

Gewerbe-treibende

Ein Mann bittet den Apotheker um ein schnelles Mittel gegen Schluckauf. Doch dieser haut ihm eine rein und sagt: »Entschuldigad Se no, aber des Erschrecka ischd s beschde Mittel gega Schluckauf, wo i kenn, ond Sie hend jo jetzt ao koin mehr!« Der Mann reibt sich die Wange und murrt: »Logisch, den Schluckauf hod jo ao mai Frau!«

Herr Hinz beschwert sich beim Sportartikelhändler: »Hörad Se mol her, der Tennisschläger, den i bei Ihne kauft hann, ka jo auf dr Sonnawelt nix dauga!« »Wie kommad Se jetzt ao do drauf?«, fragt der Verkäufer konsterniert. »Des ka i Ihne saga! Letschd Woch hann i den Schläger aus Vrseha en dr Halle liegalassa ond wie i heut wieder nahkomma bend, ischd der emmer no doglega!«

Ein Börsianer erklärt seinem Sohn die Börse. »Des ischd wie auf ma Baurahof. Du kaufschd an Gockeler ond a baar Henna, ond die legad dann Oier. Die Oier werdad zo Hühner ond Gockeler, ond die legad dann wieder Oier, ond scho hoschd du an großa, wertvolla Hühnerbestand.« »So oifach ischd des?«, staunt der Junior. »Jo! Bloß kommt manchmol a Ohwetter ond spült ällas weg.« Der Sohn ratlos: »Ja, ond dann?« »Tja, du heddeschd Enta kaufa müssa, die könnad schwemma!«

Gewerbe-treibende

Der Pressesprecher kommt ins Büro des Bundesbahnoberinspektors und berichtet: »Stellad Se sich vor, dr Lokomotivführer Lothar Müller hod mit sechzig erschd gheiradad ond was soll i Ihne saga, gestern hod ihm sai wesentlich jüngera Frau Drilling gschenkt!« Der Vorgesetzte ist begeistert: »Do könnad Se mol seha, was an tüchtiger Lokführer ischd! Der holt jeda Vrspätung wieder rei!«

Ein gut aufgelegter Pilot funkt nachts beim Landeanflug auf einem kleineren Flughafen: »Hallihallo, liebe Fluglotsa, rotad amol, wer do kommt!« Da schaltet einer der Fluglotsen die Landebahnbeleuchtung aus und sagt: »Hallihallo, lieber Pilot, jetzt rot amol, wo mir send!«

Der Sportreporter während einer Übertragung im Radio: »Nun einige Details für die Damen: Das rechte Auge des Boxfavoriten schimmert jetzt azurblau, eingefasst von einem zarten Lindgrün. Dazu trägt er himmelblaue Shorts und fliederfarbene Socken!«

Der Bauer sieht mit Entsetzen, wie die Magd der Kuh einen Eimer mit Milch zum Trinken vorsetzt, und macht ihr deshalb Vorwürfe. Da entschuldigt sich die Magd: »Dui Milch ischd mir a bissle dünn vorkomma, no hann i se hald nomol durchlaufa lassa wella!«

Gewerbe-treibende

Der Polizeidirektor geht wütend vor seinem Team auf und ab und schreit: »Ihr hend dui Bank scho omschdellt ghed, ond trotzdem hod dui Aibrecherbande entkomma könna! I hann doch ausdrücklich gsagt, ihr sollad älle Ausgäng besetza!« Mit gesenktem Kopf antwortet einer davon: »Hend mir doch ao gmacht, aber diea Blödmänner send beim Aigang naus!«

Beim Frühstück liest der Gangster seiner Frau aus der Zeitung vor: »Die Bank wurde gestern Nachmittag gegen 15 Uhr überfallen. Beim Täter muss es sich, laut Polizeiangaben, um einen echten Profi handeln, denn er hinterließ keinerlei Spuren.« Anerkennend nickt die Frau des Verbrechers: »Gratuliere, Bruno, des ischd jo a hervorragenda Kritik!«

Ein Schäfer wird von einem Touristen gefragt: »Sagen Sie mal, guter Mann, wie viele Schafe haben Sie eigentlich?« »Koi Ahnung!«, sagt dieser, »emmer, wenn i ahfang zom zähla, schlof i ai!«

Der Bauer Johannes hält die Leiter, und sein Knecht Thomas bessert das Dach der Scheune aus. Plötzlich rutscht dem Knecht ein Dachziegel aus der Hand und fällt dem Bauern auf den Kopf. Da tobt dieser los: »Bass doch auf, du Depp, wenn des a Tierle troffa hedd!«

Gewerbe-
treibende

Bei einer Versteigerung bietet ein Interessent für einen Papagei. Hartnäckig wird dagegengehalten. Das Gebot wird immer wieder erhöht. Der Mann bleibt stur. »3500 Euro«, ruft er, »aber des ischd mai letschds Gebot!« Und er bekommt den Zuschlag. »So viel Geld hann i eigentlich gar ned ausgeba wella!«, stöhnt er, als er den Vogel in Empfang nimmt. »Hoffentlich ka der wenigstens ao sprecha!« Da lächelt der Versteigerer: »Was glaubad Sie denn, wer de ganz Zeit gega Sie bota hod?«

Der Herzchirurg wartet darauf, dass der Mechaniker einen Blick auf den Motor seines Wagens wirft. Der Mechaniker ruft ihn aber zu einem anderen Fahrzeug, das er gerade repariert hat, und sagt: »Guckad Se sich amol den Motor ah. I öffne sai Herz, nemm d Ventil raus, reparier den Schada, setz ällas wieder zemma, ond no lauft er wieder wie neu. Worom vrdien i 40 000 Euro em Johr und Sie wahrscheinlich des Zehnfache, wo mir doch boide de gleich Arbad machad?« Der Kardiologe schmunzelt nachsichtig und meint: »Vrsuchad Sies doch amol bei laufendem Motor!«

Ein Automechaniker verdrückt am Imbiss-Stand eine Portion Pommes frites und sagt dann zu dem Besitzer: »Hend Se eigentlich scho amol drüber nochdenkt, was Ihrer Pommesbude gut däd?« Dieser zeigt sich interessiert: »Noe!« »An Ölwechsel!«

Gewerbe-treibende

Ein Mathematiker kommt in einen Fotoladen. Er gibt dem Verkäufer ein Negativ. Da fragt der Verkäufer: »9 x 13?« Spontan antwortet der Mann: »117, worom frogad Sie?«

Eine reiche Kundin zum Maler: »Aber Sie dürfad nix vrändera, molad Se mi exakt so, wie i wirklich ausseh!« Der Maler denkt kurz nach und meint dann: »Also en dem Fall muss i auf Vorkasse beschdanda!«

Zwei Werbefachleute unterhalten sich: »Wie kommt des eigentlich, dass so viele Hausfraua eure Produkt kennad?« »I schick onsere Prospekt an die Ehemänner ond schreib ›Streng vertraulich!‹ drauf!«

Zwei Jäger unterhalten sich: »I hann an wirklich intelligenda Hond, fendeschd du ned ao?« Der andere Jäger stimmt ihm zu: »I hann des ao scho gmerkt. Jedes Mol, wenn du zom Schuss ahsetschd, vrkriecht der sich hender dem dickschda Baum, den er fendad!«

Die Nachbarin fragt besorgt: »Ihr Ma sieht en letscher Zeit so schlecht aus, muss i mir Sorga macha?« Die Ehefrau erklärt: »Ja, wissad Se, er schafft doch neuerdings bei ra Fertighaus-Firma, ond die hend fast jeden zwoita Dag Richtfest!«

Gewerbe-treibende

Herr Fischer wischt gerade die Treppe, als eine Zeitungswerberin vorbeikommt. »Wellad Se zu mir?«, fragt der fleißige Mann. »Noi«, erwidert die Dame, »eigentlich hann i zo Ihrer Frau wella, aber wie i seh, hod se scho onser Zeitschrift ›Die kluge Hausfrau‹!«

Ein Dachdecker rutscht plötzlich aus und fällt in einen Sandhaufen. Sofort ist eine Schar Schaulustiger zur Stelle. Die Hintersten können schon gar nichts mehr sehen. Da ruft einer: »Was ischd denn do vorna los?« Der Dachdecker rappelt sich wieder auf, klopft sich den Staub von der Hose, und sagt ächzend: »I woiß ao ned, i ben grad erscht komma!«

Der Chef einer Großbäckerei ruft in seiner neu eröffneten, aber etwas abgelegenen Filiale an, um zu fragen, wie es denn so laufe. Die Verkäuferin berichtet etwas kleinlaut: »Also heut Morga war amol an Kunde do, aber heut Mittag ischds scho wieder a bissle ruhiger!«

Beim Metzger Trump fragt eine übervorsichtige Kundin: »Send en Ihre Weißwürscht ao ganz gwieß koine Salmonella?« »Noe«, lächelt der Meister sie an, »guckad Se doch selber nah, die Würscht send auf boide Seita zubonda! Wie sollad denn do die Salmonella naikomma?«

Gewerbe-treibende

Der Artist stellt sich dem Zirkusdirektor vor. »I vrsäg en jedera Vorstellung a jonga Frau!« »Wie lang machad Se denn des scho?« »Seit mainer Kendheit!« »Hend Se no Gschwister?« »Jo, vier Halbschwestera!«

Herr Glöckler ruft wütend den Installateur an: »Vor 14 Dag hann i scho ahgrufa, weil en onseram Keller a Wasserleitung ohdicht ischd, ond Sie send emmer no ned dogwesa!« »So schlemm wird des scho ned sai«, brummt der alte Meister zurück. »Hend Sie a Ahnung!«, brüllt Herr Glöckler erbost, »heut Morga hann i an Fisch en onserer Mausfall gfonda!«

Der Steuerberater rät dem Klienten, doch seiner Frau das Buch zu schenken mit dem Titel: ›Wie spart man Geld?‹. Beim nächsten Termin fragt er den Kunden: »Na, hend Sie mit dem Buch Erfolg ghed?« »Wie mers nemmt«, mault der Mann unzufrieden, »seither rauch ond trenk i nemme!«

Richtfest auf der Baustelle. Es gibt Unmengen Speisen und Getränke. Da sagt ein Mann zu einem anderen: »Scho toll, so a Richtfest. Ma kennt ned jeden Handwerker persönlich. Do könnad Se sich ganz schee da Bauch voll schlaga ond wieder vrschwenda.« »No send Sie gar ned aiglada gwesa?« »Natürlich ned! Ond Sie?« »Ao ned, i ben nämlich dr Bauherr!«

Gewerbe-treibende

Der Gärtnermeister lobt vor der Belegschaft einen langjährigen Mitarbeiter. »Nemmad euch a Vorbild an onseram Frieder. Der hod no nie en sainer langa Betriebszugehörigkeit krank gmacht ond wenn der amol an Schüttelfrost ghed hod, no ischd er naus zom Sand sieba!«

Der Dachdeckermeister fragt die heimkehrenden Arbeiter: »Wo ischd denn dr Erich?« Da druckst der Vorarbeiter etwas herum: »Der ischd a Loiter nondergschdiega, die vorher jemand anders weggnomma hod!«

Nachts am Taxistand beim Bahnhof. Hastig steigt ein Fahrgast ein. Der Taxifahrer erkundigt sich: »Wo solls denn nahganga?« Der Fahrgast, immer noch heftig schnaufend: »Hoim!« Der Taxifahrer lächelt: »En Ordnung, zu Ihne oder zu mir?«

Der Kunde in der Bäckerei: »I hedd gern vier Berliner.« Die Verkäuferin fragt: »Mit Schokladguss oder mit Zucker?« Der Kunde: »Des isch mir egal.« Die Verkäuferin wird lauter: »Schoklad oder Zucker?« Der Kunde: »Dann hald mit Schoklad.« Die Verkäuferin: »Die mit Schokladguss send aus!«

Hoorbändiger

Der höfliche Friseurlehrling sagt freudestrahlend zu seinem ersten Kunden: »Es hod mi saumäßig gfraid, dass i Sie hann kämma lerna dürfa!«

Der Friseur stellt fest: »Ihr Hoor wird ao langsam grau!« Der Kunde blickt missmutig auf und meint: »Des ischd jo ao koi Wonder, bei Ihrem Arbeitstempo!«

Der kleine Udo rennt in den Friseursalon und berichtet atemlos der Angestellten: »Bitte helfad Se mir! I soll morga mit mainer Oma zom Kaffekränzle mit ihre Freundinna. Könndad Sie mir bitte d Hoor so schneida, dass i ned mitmuss?«

Hoorbändiger

Der Friseur fragt Frau Schaller bei der Haarwäsche: »I hann ghört, Sie hend a vierwöchiga Schlankheitskur gmacht. Fühlad Se sich no jetzt leichter?« Verärgert antwortet die Kundin: »Jo, ond zwor om genau 4000 Euro!«

Ein Vater trifft beim Friseur den Klassenlehrer seines Sohnes. »Gut, dass i Sie treff. Worom hend Sie denn main Bua geschdern wieder hoimgschickt?« »Ha, weil er gsagt hod, dass sai Schwesterle Masern hod!« »Des schdemmt scho, bloß dass sai Schwester grad bei de Großeltern en dr Schweiz ischd!«

Der Professor setzt sich gedankenverloren in den Sessel beim Friseur und meint lakonisch: »Bitte alle drei recht kurz!« Irritiert fragt der Friseurmeister nach: »Was moinad Sie denn mit alle drei?« Der Professor: »D Hoor, da Bart ond ihr Gschpräch!«

Ein japanischer Tourist lässt sich bei einem Dorffriseur rasieren. Der Lehrling ist ein bisschen ungeschickt, und der Kunde zuckt immer wieder vor Schmerzen zusammen. Schließlich stehen ihm die Tränen in den Augen, aber er kann sich nicht verständlich machen. Da sagt der Junge mitfühlend: »Gell, Sie hend sicher Hoimweh!«

Hoorbändiger

Peter, der Friseurlehrling, ist nicht unbedingt für diesen Beruf geboren. Immer wieder hadert der Meister mit ihm. Als der Chef kurz zur Bank geht, schneidet der Junge einem Kunden während der Rasur versehentlich das linke Ohr ab. Er hebt es auf und sagt zu dem Kunden: »Schnell, schiebad ses ai. Wenn des dr Chef liega sieht, macht er bloß wieder Theater!«

Ein Vertreter kommt zum Friseurmeister Meissner und will ihm einen Rasierautomaten verkaufen, der nur auf das Gesicht des Kunden gesetzt wird und dann selbstständig messerscharf rasiert. Der Meister wiegt bedächtig mit dem Kopf und wendet dann ein: »Aber jeder Kunde hod doch a andera Gsichtsform!« »Klar«, nickt der Vertreter, »aber hald bloß beim erschda Mol!«

»Sagad Se mol, Frau Wimmer, studiert denn Ihr Sohn emmer no?«, fragt der Friseur neugierig. »Jo«, bestätigt Frau Wimmer, »main Sohn wird amol Arzt. Do bleibt er lieber a bissle länger auf dr Uni. Wissad Se, zu ältere Ärzt hend die Leut hald mehr Vrtraua!«

Der Friseur eines kleinen Dorfes bedient einen neuen Kunden und fragt ihn neugierig: »Send Se auf Bsuch do?« Der Mann entgegnet mürrisch: »Noe, zom d Hoor schneida!«

Hoorbändiger

Ein Kunde sitzt mit seinem Hund beim Friseur. Dieser nützt die Gelegenheit aus und fragt: »Kennad Sie sich mit Hond aus?« »Jo, wieso, was wellad Se denn wissa?« »Main Hond jagt emmer Leut auf em Fahrrad, was soll i denn do macha?« »Nemmad Se ihm doch oifach s Fahrrad weg!«

Ein Tourist schaut einem Schäfer bei der Schafschur zu und fragt dann schließlich: »Sagad Se mol, worom schwätzad Sie denn beim Schera von dene Schäfla emmer auf die Dierla nai?« Darauf der Schäfer: »Ach, des ischd so a Ahgwohnheit von mir. Wissad Se, i war früher Friseur!«

Ein Mann lässt sich rasieren. Der Friseur hat einen schlechten Tag erwischt, und so blutet der Kunde bald an vielen Stellen. Um ihn ein wenig abzulenken, will der Friseur eine Unterhaltung in Gang bringen. »Warad Se scho öfter bei ons?«, fragt er geflissentlich. »Noe, no nie!«, knurrt der Kunde. »Den Arm hann i bei ma Ohfall vrlora!«

Der Friseurmeister fragt seinen Auszubildenden: »Wieso hoschd denn du so dreckige Händ?« »Weil heut no niemand zom Hoorwäscha do war!«

Kender, Kender

Der kleine Sohn einer Touristenfamilie beobachtet die Bäuerin beim Melken. Am nächsten Morgen schlägt die Bäuerin Alarm und ruft: »Mai Kuha ischd weg!« Der Junge schlendert hinzu und antwortet gelassen: »Weit ka se ned komma sai. Sie hend ihra jo gestern da Tank leer bompt!«

Die Mutter hat ihre flügge gewordene Tochter einen Abend lang auf die Gefahren im Umgang mit Männern hingewiesen. Am Schluss ihrer Ausführungen meint das Mädchen: »Woischd, Mama, i hedd jo wirklich mehr Vrtraua en daine Rotschläg, wenn du ned da Baba gheiradad heddeschd!«

Kender, Kender

»Hugo, warschd du heut ao brav en dr Schul?«, fragt die Mutter ihren Sohn. »Aber klar doch!«, strahlt der. »Was ka ma denn scho ahstella, wenn ma da ganza Vormittag en dr Eck schdanda muss!«

Der kleine Marvin will einen Brief an seine Kindergartenfreundin Milla schreiben. Da kommt seine Mutter ins Zimmer. »Ja Marvinle, was machschd du denn do?« »I schreib an Brief an d Milla!« »Aber du kannst doch no gar ned schreiba?« »Des macht nix, d Milla ka jo ao no ned lesa!«

Der Sohn des Bauern weint den ganzen Tag, weil sein Meerschweinchen verstorben ist. Der Bauer meint etwas verwundert: »Wo d Oma gschdorba ischd, hoschd doch ao ned so viel heula müssa.« Darauf sein Sohn: »Die hann i jo ao ned von maim Daschageld zahlt ghed!«

Der Vater fragt seinen kleinen Sohn: »Hoschd du di bei dainer Lehrerin entschuldigt, dass du ihra auf da Fuß treta bischd?« Darauf entgegnet der Sohn: »Jo, denk no, Baba, no hod se mir sogar no a Tafl Schoklad gschenkt!« Worauf der Vater nachhakt: »Aha! Ond was hoschd du dann gmacht?« »I ben ihra ao no auf da andera Fuß treta!«

Kender, Kender

Der kleine Olaf sitzt im Wohnzimmer und trinkt seinen Saft. Auf einmal muss er schrecklich husten. Seine Mutter fragt besorgt aus der Küche: »Hoschd du di vrschluckt?« »Noi«, krächzt der Sohn, »i ben no do!«

Benjamin schaut durchs Schlüsselloch in das Zimmer des Au-pair-Mädchens. Die Mutter ermahnt ihn: »Lass des! Es goht di nix ah, was d Madeleine macht.« Der Junge entgegnet: »I will jo ao bloß seha, was dr Baba macht!«

Vater und Sohn haben einen Berg erklommen. Der Vater ruft begeistert aus: »Guck mol, Benny, wie schee es do onda ischd!« Der Junior schaut ihn zweifelnd an: »Worom send mir no überhaupt do raufgschdiega?«

Ein Vertreter klingelt an der Tür. Ein kleiner Junge öffnet, im Mund eine dicke Zigarre und in der Hand ein Glas Whisky. Irritiert fragt der Vertreter: »Send daine Eltern do?« Grinst der Bub zurück: »Sieht des etwa so aus?«

Der langjährige Student spricht auf den Anrufbeantworter seiner Eltern: »Hallo Mama ond Baba, i hann scho lang nix mehr von euch ghört. Schickad mir doch ao bitte an Scheck über 1000 Euro, damit i woiß, dass es euch gut gohd!«

Kender, Kender

Der kleine Ferdinand sagt zu dem wartenden Kavalier: »Heut könnad Se lang auf mai Schwester warda. I hann ihr Perücke ond ihr Gebiss vrschdeckt!«

Ein Passant fragt den schluchzenden Jungen: »Ja Kend, worom heulschd du denn?« »Main Hond ischd weg!« »Ohje, ja wo wohnst du denn?« »Des woiß bloß main Hond!«

Marco soll als Hausaufgabe einen Aufsatz über ein Fußballspiel schreiben. Er überlegt und überlegt. Ihm fällt aber nichts ein. Plötzlich kommt ihm ein zündender Gedanke und er schreibt: »Der Platz war leider ned bespielbar!«

Die kleine Melanie fragt ihre Mutter: »Mama, möchdeschd du an Schoklad?« »Noe, danke.« »Also gut, ond jetzt frog mol mi!«

Die schwäbische Familie isst im Restaurant. Der Familienvater zum Kellner: »Die Floischrest, die übrig blieba send, packad Se mir bitte ai, die nemmad mir für da Hond mit.« Da jubeln die Kinder: »Toll, dr Baba kauft ons an Hond!«

Kender, Kender

Die kleine Petra ist zum ersten Mal auf einem Bauernhof in den Ferien zu Gast. Nachdenklich schaut sie am Abend der Bäuerin zu, wie sie ein Huhn rupft. Plötzlich fragt sie: »Müssad Sie die Henna jeden Obend auszieha?«

Der Streifenpolizist steckt seinen Kopf durchs Wagenfenster und sagt: »Papiere!« Der kleine Sohn ruft vom Kindersitz aus nach vorne: »Mama jetzt muschd du Schere saga, no hoschd gwonna!«

Es ist kurz vor Weihnachten, als der kleine Paul zu seiner Mutter sagt: »Du, Mama, du kannschd dui Eisebahn vom Wunschzettl streicha, i hann nämlich zufällig oina em Wandschrank gfonda!«

Ein junger Mann sucht das örtliche Krankenhaus. Er fragt einen älteren Herrn: »Hey, Opa, wie komm i denn am schnellsta ens Krankahaus?« Der antwortet: »Indem du nomol Opa zu mir sagschd!«

Die Mutter schimpft: »Wenn du di weiterhin so benemmschd, gebad mir di en a Internat, dass du endlich gute Maniera lernst.« Sagt der Sohn: »Ka i die denn ned drhoim bei euch lerna?«

Kender, Kender

Schon zum vierten Mal schickt die Mutter ihren kleinen Sohn zurück ins Bett. »Hör i no oimol des Wort ›Mama‹, gibt's Ärger!« Eine Weile ist es still, dann klingt es aus dem Kinderzimmer: »Frau Schneider, ka i bitte was zom trenka hann?«

Zwei stolze Mütter fahren ihre Sprösslinge spazieren. Sie stellen fest, dass die Babys am gleichen Tag geboren wurden. »Mai Lina hod heut ihr erschds Wort gsagt!«, meint die eine Mutter stolz. Da richtet sich das zweite Baby auf und fragt: »Ond, was hod dui Kloina genau gsagt?«

»Du, Baba, i hann heut a tolla Gitarre baut!«, berichtet der Sohn stolz. »Du bischt jo tüchtig, Bua, aber wo hoschd denn du die Soita her, du warscht doch gar ned aus em Haus?« »Ma muss sich bloß zom helfa wissa. I hann en daim Klavier welche gfonda!«

Die Beamten-Ehefrau packt die Reisetasche ihres Mannes, der eine Dienstreise antritt. Ihrem Sprössling erklärt sie dabei Schritt für Schritt: »Des ischd a Wurschdbrot, damit dr Baba ons ned vrhongert, ond a Flasch Bier, dass er ons ned vrdurschdad.« Plötzlich springt der Filius auf, rennt ins Bad und kommt mit einer Parfüm-Flasche zurück, die er der Mutter in die Hand drückt: »Ond des, dass er ons ned vrdufdad!«

Kender, Kender

Der Junge kommt mit dem Zeugnis nach Hause und geht zu seinem Vater. »Baba, i muss di was froga. Wie lang bischd denn du scho raus aus dr Schul?« »Etwa 30 Johr, worom frogschd du?«, erwidert der Vater verdutzt. Nach kurzer Überlegung meint der Sohnemann: »No kommts ohgfähr na. Mai Klassalehrer hod nämlich heut gmoint, dass er seit 30 Johr koin so an Deppa wie mi ghed hedd!«

Ede, der Einbrecherkönig, verhaut seinen kleinen Sohn. »Du woischd, worom i di vrhaua hann?« »Jo«, schluchzt der, »weil i ebbas aus dem Gsälzglas gessa hann!« »Quatsch, weil du daine Fengerabdrück auf dem Glas ned abgwischt hoschd!«

Die Mutter wundert sich, was ihr Baby wohl haben mag. Es weint ohne Pause. Da fragt der drei Jahre ältere Bruder: »Hoschd du denn koi Gebrauchsahleitung drzu kriegt?«

Der Lehrer ist verzweifelt und ruft vor der Klasse aus: »Zwanzig Johr ben i jetzt Lehrer. Welche vier Wörter hann i wohl am häufigschda ghört?« Der Klassenbeste meldet sich nach einigem Nachdenken und sagt dann: »I woiß es ned!« Der Lehrer nickt bestätigend: »So ischds!«

Kender, Kender

Der Erstklässler Ronald fährt mit seiner lautstark weinenden kleineren Schwester auf der Lenkstange an einem Polizisten vorbei. Der hält ihn an: »Worom nemmscht denn du des Kend auf dr Lenkstang mit, wenn se so schreit?« Ronald schaut ihn treuherzig an: »Weil mai Klingel kaputt ischd!«

Abends fragt der kleine Leon seinen Vater: »Du, Baba, machschd du für mi die Rechenaufgaba?« »Also, i glaub, des wär ned richtig, wenn i se macha däd«, gibt dieser tadelnd zu bedenken. »I glaub des ao«, entgegnet der Sohnemann, »aber du könndeschs doch wenigschdens amol brobiera!«

Die Familie sitzt beim Frühstück. Benjamin schaut seine Mutter an: »Gib mir ao mol d Milch rüber.« Die Mutter hebt die Augenbrauen: »Wie hoißt des Zauberwort?« Der Sohnemann zuckt gleichgültig die Schultern: »Woher soll denn i des wissa. I les koin Harry Potter!«

Länger als eine Stunde schreit das Baby in seiner Wiege. Lisa erbarmt sich, nimmt das Kind auf den Arm und fängt an, ihm etwas vorzusingen. Nach einer weiteren Stunde meint der größere Bruder verzweifelt: »Du, mir wär's eigentlich lieber, wenn des Butzale wieder schreia däd!«

Kender, Kender

Melanie liegt mit ihrem Freund eng umschlungen auf der Couch. Da platzt ihr kleiner Bruder herein und ruft erbost: »Des sag i dr Mama, dass ihr boide d Füß auf em Sofa hend!«

Die kleine Tochter bettelt ihren Vater an: »Du, i möcht a Barbiepupp!« »Du hoschd doch aber scho so viele!«, wendet er ein, worauf die Kleine ihm tief in die Augen schaut und flüstert: »Woiß d Mama eigentlich scho, dass du a zwoits Smartphone hoschd?« Der Vater antwortet hastig: »Willschd du dui mit Brautkleid oder d Ballerina?«

Die kleine Mathilde blättert in einem Fotoalbum. Plötzlich schaut sie auf und fragt nachdenklich: »Sag mol, Baba, wenn früher des Telefo mit ma Kabel an dr Wand vrbonda war, wie hend ihr denn dann em Garta fotografiert?«

Der vierjährige Leon ist unterwegs zum Dachboden. Dort angekommen, sieht er den Laufstall, in dem er einen Teil seiner Babyzeit zugebracht hat. Er stürmt wieder hinunter in die Küche und ruft: »Mama, kriegad mir bald a neus Baby?« Die Mutter ganz erstaunt: »Wie kommschd denn du jetzt ao do drauf?« Der Kleine: »Ha, weil ihr auf dr Bühne droba euer Fall aufgschdellt hend!«

Kender, Kender

Die Tante Erna fragt ihre kleine Nichte: »Na, Clärle, hilfschd du ao dainer Mama fleißig em Haushalt?« Eifrig bestätigt die Kleine: »Klar. I muss emmer s Silberbschdeck nochzähla, wenn du ganga bischd!«

Die Mutter ermahnt ihren zappeligen Sohn: »Marvinle, wie oft hann i dir scho gsagt, du solleschd am Disch ned emmer mit de Füß wackla. Hoschd denn du koine Ohra?« Marvin: »Doch, Mama, aber mit de Füß gohds hald besser!«

Tante Ulrike sagt empört zu ihrem Neffen: »Muschd denn du emmer die Horrorfilm ahgucka? I ka dir doch ao mol a schöns Märchen vorlesa.« Der Neffe ruft begeistert aus: »Au ja, Dande! Les doch mol dui Gschicht, wo Hänsl ond Gretl dui alda Hex en da brennenda Ofa schubsad!«

Jonas findet vor seinem Elternhaus einen Hundert-Euro-Schein und steckt ihn ein. »Den muschd du aber em Fundbüro abgeba!«, ermahnt ihn eine Fußgängerin. »Noi, des Geld ghört mainer Mutter!«, antwortet der Junge und erklärt weiter: »Mai Baba sagt nämlich emmer, dass mai Mama s Geld zom Fenster nausschmeißt!«

Kender, Kender

Der Vater ist am Ende seiner Geduld und brüllt: »Worom streidad ihr euch denn emmer, du ond dai Schwester?« Da strahlt ihn der Sohnemann an und meint: »Des woiß i ao ned, aber vielleicht schlag i dir ond dui dr Mama noch?«

Die Mutter fragt besorgt ihren kleinen Sohn: »Aber Kend, wo warscht denn du de ganz Zeit?« »I hann Briefträger gschbielt ond da ganza Häuserblock mit Post vrsorgt.« Verwundert hakt die Mutter nach: »So, ja wo hoschd denn du die viele Brief her?« »Aus daim Nachttischle, woischd, die mit dene rosa Schloifla!«

Der kleine Daniel kommt zu seinem Vater gelaufen: »Baba, gohschd du mit, main Fußball abhola?« Der Papa nickt freundlich: »Klar, wo ischd er denn?« »Nebadra em Supermarkt. Mir könnad direkt durchs Schaufenschder ganga!«

Die kleine Eva hat zum Geburtstag ein neues Fahrrad geschenkt bekommen. Begeistert wagt sie eine erste Probefahrt. Einige Zeit später ruft sie: »Guck, Mama, bloß mit oiner Hand!« Etwas später: »Guck, Mama, ganz ohne Händ!« Dann: »Guck, Mama, ganz ohne Zähn!«

Kender, Kender

Jonas steigt in den Bus. In der einen Hand hält er ein Würstchen, in der anderen eine Portion Pommes frites. »He«, sagt der Fahrer streng, »des dohanna ischd fai koin Speisewaga!« »Woiß i!«, nickt Jonas, »deshalb hann i mir mai Essa ao selber mitbrocht!«

Peter kommt mit lauter blauen Flecken nach Hause. Mitleidsvoll fragt ihn seine Mutter: »Ja Buale, was ischd denn bassiert?« »I hann mi mit em Kai dualliert, ond er hod die Waffa wähla dürfa.« »Ond was hod er gwählt?« »Sain großa Bruder!«

Der Sohn fragt seinen Vater: »Wer ischd meischdens gscheiter, d Väter oder d Jonge?« »Natürlich d Väter!« »Ond wer hod dui Relativitätstheorie aufgschdellt?« »Dr Albert Einstein!« »Aha, ond worom ned sain Vatter?«

Die Mutter bringt ihre Zwillinge ins Bett. Die beiden können sich nicht mehr halten und prusten einfach los. Verwirrt fragt die Mutter: »Was hend ihr denn jetzt scho wieder ahgschdellt?«. Verschmitzt gesteht der kleine Marc: »Du hoschd oin von ons zwoimol badad, aber mir vrrodad ned, wen!«

Ned von schlechte Eltern

Zwei Männer sitzen nervös im Wartezimmer der Entbindungsstation eines Krankenhauses. Endlich kommt eine Schwester und geht auf einen von ihnen zu. »I gratulier Ihne sehr herzlich, Sie hend an Stammhalter kriegt!« Da springt der andere erbost auf und ruft energisch: »Entschuldigad Se bitte, aber i war vor dem do!«

Der Bankier beäugt kritisch seinen zukünftigen Schwiegersohn: »Ond, wie siehts denn mit Ihre Vrhältniss aus?« Der junge Mann nickt: »Do ka i Sie beruhiga, die hann i natürlich älle rechtzeitig beendad!«

Ned von schlechte Eltern

Sehr nervös wartet ein Vater in der Entbindungsstation. Endlich kommt die Schwester mit Drillingen. Der Vater ist voll des Lobes: »Des ischd jo ein toller Service, i glaub i nehm den en dr Mitte!«

Der kleine Nils fragt seinen Vater: »Du, Baba, was hoißt eigentlich Mode?« »Ach, woischd Bua, des ischd a Abkürzung ond hoißt übersetzt: ›Männer opferad die Ersparnisse‹!«

Die Tochter fragt ihren Vater: »Ka des sai, dass zwoi Menscha billiger lebad als oiner alloi?« »Des ischd sehr wohl möglich«, brummt der Vater mürrisch, »dai Mama ond i lebad nämlich zemma wesentlich billiger als du alloi!«

Kaffeeklatsch bei Sommers. Die jung verheiratete Tochter präsentiert der Runde stolz ihr Baby und philosophiert: »Also, i denk, d Auga hod er von saim Vatter, aber d Nas ischd eindeutig von maim Ma!«

Die Hebamme zum frisch gebackenen Vater: »Herzlichen Glückwunsch, es ischd an Bua! Hend Sie denn scho an Nama?« Verwundert über diese Frage antwortet er: »Aber sicher, i hoiß Horst!«

Ned von schlechte Eltern

Bei Familie Meier ist Nachwuchs angekommen. Alles dreht sich um den kleinen Neuankömmling. Eines Tages sagt die Nachbarin zu Frau Meier: »Ihr Ma ischd jo furchtbar erkältet. Worom gohd er denn ned zom Arzt?« Frau Meier meint etwas verlegen: »Eigentlich hod er jo ganga wella, aber onser Baby freut sich jedes Mol so, wenn er niest!«

Zwei Mütter warten vor der Schule auf ihre Kinder. Da fragt eine: »Was machad Sie denn, wenn Ihre Kender des Gmüs ned essa wellad?« »Ganz oifach, i sag bloß, wenn ihr ned aufessad, ändere i des WLAN-Passwort, no klappts!«

Die kleine Manuela fragt ihre Mutter: »Was ischd eigentlich a Ehe?« Die Mutter lächelt milde und meint dann: »Ehe ischd bloß a lustigs Wort für dui Übernahme von ma erwachsena männlicha Kend, dem saine Eltern nemme en dr Lage send, des zom bewältiga!«

Beim Elternsprechtag berichtet der Klassenlehrer dem anwesenden Vater: »I muss Ihne leider mitteila, dass Ihr Sohn keinerlei Fortschritte em Multipliziera ond Dividiera macht!« Sagt der Vater: »Des ischd doch ned schlemm. Latein ischd ned so wichtig. Hauptsach, der Bua ka rechna!«

Ned von
schlechte Eltern

Melanie ist glücklich, weil sie einen gesunden Jungen zur Welt gebracht hat. Ihr Mann schlägt vor: »Sollad mir den Bua ned doch noch saim Großvatter nenna?« Worauf sie empört ausruft: »Aber Schatz, mir könnad doch des Kend ned ›Oba‹ taufa!«

Ein stolzer Mann, der gerade Vater von Vierlingen geworden ist, stürzt in die Säuglingsstation. »Raus dohanna!«, fährt ihn die Stationsschwester an, »Sie send ned sterilisiert.« Der aufgeregte Vater entgegnet: »Wem sagad Sie des!«

Der Wagen ist für den Skiurlaub voll bepackt und die Familie sitzt im Auto. Der Vater lässt den Motor an und verkündet: »Also, i fahr jetzt a viertl Schdond lang bei ons om da Block ond en der Zeit überlegt sich jeder, was er ällas vrgessa hod!«

Der Sohnemann zeigt bekümmert seinem Vater die letzte Deutscharbeit. Völlig entsetzt meint dieser: »Was, a Segs en Deutsch? Des doch ned sai ka? I doch hann gübt emer mit du!«

Pädagoga hends ned leicht

Schule ist doff

Bei einer Lehrerkonferenz äußert der Biologielehrer: »Die Sexualkunde hod ihre eigenen Probleme!« Der Direktor fragt nach: »Was zom Beispiel?« »Oina von maine Schülerinna ischd schwanger, ond jetzt woiß i ned, ob i se tadla oder loba soll!«

Die Lehrerin fragt: »Fredi, wo warschd denn du gestern?« Fredi mit weinerlicher Stimme: »Do ischd onser Haus abbrennt.« Die Lehrerin mitleidsvoll: »Des ischd jo furchtbar. Ond wo warschd du vorgestern?« »Do hend mir d Möbel rausräuma müssa!«

Pädagoga
hends ned leicht

»Fünfundzwanzig Fehler em Diktat«, brüllt der Lehrer. »wie ischd des bloß möglich?« »Des liegt an Ihne!«, entgegnet der Schüler energisch, »Sie suchad jo direkt drnoch!«

Der Deutschlehrer erklärt der Klasse: »Ich gehe, du gehst, er geht, wir gehen, ihr geht, sie gehen. Kann mir jemand sagen, was das bedeutet?« Die kleine Milla meldet sich: »Ha, dass älle weg send, Herr Lehrer!«

Der Lehrer kündigt im Sportunterricht an: »Heut machad mir zerscht amol Dehn-Übunga!« Der kleine Fabian erkundigt sich zaghaft: »Herr Lehrer, hoißt des ned: die Übunga?«

Bestürzt fragt der Vater den Lehrer: »Gibt's denn gar koi Möglichkeit, main Buba doch no zom vrsetza?« Der Lehrer schüttelt bedauernd den Kopf: »Leider ned. Mit dem, was Ihr Sohn älles ned woiß, könnad nomol zwoi andere Schüler sitza bleiba!«

Die mündliche Prüfung in Medizin läuft. Der Professor schaut die Studentin fragend an: »Nennad Se mir a eisahaltigs Abführmittl!« Die junge Dame spontan: »Handschella!«

Pädagoga
hends ned leicht

»Tanja«, fragt der Lehrer, »nemmad mir amol ah, dai Mutter kauft sich a Paar Schuha für 200 Euro, dai Schwester a Paar für 120 Euro, ond du a Paar für 90 Euro. Was gibt des?« Die Schülerin betrübt: »Beschdimmt Krach mit em Baba!«

Der Lehrer hat seinen Schülern lange die Begriffe Gegenwart, Vergangenheit und Zukunft erklärt. Zum Schluss fragt er den Holger: »Wenn i jetzt sag: ›I ben krank.‹, was ischd des für a Zeit?« »A arg schöna Zeit, Herr Lehrer!«

Der Lehrer erklärt den Kindern in der Schule den Begriff Steuern: »Die Lohnsteuer ist eine direkte Steuer. Sie wird dem Arbeitnehmer direkt vom Lohn abgezogen. Wer kennt denn eine indirekte Steuer?« Kevin meldet sich: »Die Hundesteuer!« »Wieso denn das?« »Ha, dui wird jo ned direkt vom Hond zahlt!«

Bei einem Klassentreffen fragt der auch anwesende Lehrer einen seiner ehemaligen Schüler: »Du bischd doch dr Karle? Wie gohts dir denn? Bischd du vrheiradad?« »Jo«, nickt dieser, »ond i hann scho acht Kender!« Da nickt der Lehrer nachdenklich: »Jojo, so warschd du scho emmer, fleißig, aber du hoschd oft ned aufbasst!«

Pädagoga
hends ned leicht

Beim Sportunterricht liegen alle auf dem Rücken und fahren Rad. »He, Manuel, worom machschd du denn ned mit? Du liegschd jo ganz ruhig do ond hebschd d Füß end Luft!«, schimpft der Lehrer. Der Schüler erklärt: »Sehad Se denn des ned, dass i grad bergab fahr?«

Der Religionslehrer fragt die Schüler: »Wissad denn ihr, welcha Sünde dr Adam beganga hod?« David zeigt auf und antwortet: »Er hod von dem vrbotena Apflbaum gessa!« Der Lehrer nickt zufrieden: »Richtig, ond mit was ischd er dann beschdroft worda?« Der Schüler: »Er hod Eva heirata müssa!«

Der Musiklehrer zum Schüler: »Seng bitte ein D!« Der Schüler singt. Darauf der Lehrer: »Toll! Ond nun G!« Der Schüler freut sich: »Vielen Dank! Also dann bis morga!«

Der Klassenlehrer fordert den Schüler auf: »Justin, kannschd du mir den Begriff Heuchelei erklära?« Der Junge überlegt kurz und sagt dann: »Heuchelei wär, wenn i jeden Dag fröhlich pfeifend end Schual komma däd!«

Schmerz lass noch, dr Dokter kommt

Die Arzthelferin informiert den Patienten an der Rezeption: »Aus dataschutzrechtliche Gründ dürfad mir Sie nicht mehr mit em Nama aufrufa!« Der Mann nickt verständnisvoll. Kurze Zeit später schreit die Arzthelferin in das voll besetzte Wartezimmer: »Der Mann mit de Hämorrida bitte ens Behandlungszemmer zwei!«

Der Mediziner zum Patienten: »Jetzt vrschreib i Ihne no ebbas gega Ihre Blähunga.« Da wehrt der alte Mann bescheiden ab: »Oh, lassad Ses ao, Herr Dokter, des ischd doch de oinzig Fraid, wo i no hann!«

Schmerz lass noch, dr Dokter kommt

Nach der Untersuchung des Unfallopfers diktiert der Arzt die Diagnose: »Hautabschürfungen, Prellungen, Blutergüsse.« Dann unterbricht er kurz und fragt die Patientin: »Wie alt sind Sie?« »Dreißig!« Dann diktiert der Arzt weiter: »Ond Gedächtnisstörunga!«

Der Arzt rät dem Patienten eindringlich: »Des Beste, was Sie sich vornehma solldad, ischd: Koin Alkohol, strenga Diät ond emmer bald ens Bett!« Zaghaft fragt der Patient nach: »Ond was ischd des Zwoitbeste?«

Erwin fühlt sich schlecht. Seine Frau ruft den Arzt an: »Herr Doktor, main Ma hod Fieber, kommad Se bitte schnell vorbei.« »Ist es sehr hoch?«, will der Arzt wissen. »Ach was, bloß a baar Treppastufa!«

Der Doktor mahnt: »Vrgessad Se nie, dass dr Alkohol Ihr Feind ischd!« »Koi Sorg Herr Dokter«, meint der Gustav daraufhin zuversichtlich, »i ben schließlich koin Feigling!«

»Gega Ihr Übergwicht hilft a leichta Gymnastik!«, mahnt der Doktor. »Sie moinad Liegestütza ond so?«, fragt die Patientin nach. »Noi, es genügt a Kopfschüttla, wenn ma Ihne a Essa ahbiedad!«

Schmerz lass noch, dr Dokter kommt

Anton wird vom Leiter der Geburtsklinik gefragt: »Spielad Sie gern Skat?« »Hajo!«, bestätigt der junge Mann freudestrahlend. »No werdad Se sich bestimmt über vier Buba freua!«

Ein Akupunkteur und ein Chirurg treffen sich zufällig auf einer Tagung. Der Akupunkteur meint zynisch: »Na, Sie alter Aufschneider?« Worauf der Chirurg kontert: »Sie mit Ihre ewige Sticheleia!«

Die Patientin fragt ungeduldig: »Worom soll i eigentlich de ganz Zeit mai Zong rausstrecka? Sie guckad jo gar ned her!« Die Ärztin antwortet milde lächelnd: »I hann bloß en Ruha des Rezept rausschreiba wella!«

Kontaktanzeige in der Tageszeitung: »Arzt sucht Dame mit innerer Schönheit. Röntgenbilder bitte an Chiffre 67812!«

Der Abgeordnete hat einen Autounfall und wird verletzt ins Krankenhaus gebracht. Einige Tage später bekommt er eine E-Mail: »Gute Genesungswünsche mit 140 Ja- zu 12 Neinstimmen und zwei Enthaltungen. Die Fraktion.«

Schmerz lass noch, dr Dokter kommt

Ein unheimlich dickes Ehepaar kommt zum Arzt. Der Mediziner fragt unter anderem: »Hend Sie Kender?« Worauf der Mann heftig schnaufend einwendet: »Sehad mir etwa wie Artista aus?«

Die Oma Lore rügt ihre Enkelin: »Marie, sag mol, wer hod dir denn erlaubt, so viel Kucha zom essa?« Unvermittelt kommt die Antwort: »Main Dokter!« Die Großmutter runzelt verwundert die Stirn: »Welcher?« »Dr Dokter Oetker!«

Am Stammtisch verkündet der Klaus freudestrahlend: »Main Dokter hod gsagt, mer ischd erscht an Alkoholiker, wenn ma alloi trenkt! Deshalb ben i froh, dass ihr älle do bei mir send!«

Der Notarzt hört den stark hustenden Patienten ab: »Ähhhm, rauchad Sie?« Der Patient keuchend: »Noi, wieso?« Der Mediziner lächelt milde: »Schade, weil ihs Ihne no hedd vrbieta könna!«

Der Mediziner ist etwas ungehalten: »Wissad Sie denn ned, dass i bloß bis 18 Uhr Sprechschdond hann?« Der Patient antwortet zerknirscht: »I scho, Herr Dokter, aber der Hund ned, wo mi bissa hod!«

Schmerz lass noch, dr Dokter kommt

Der Patient lässt den Klinikchef kommen und verlangt, in ein anderes Zimmer verlegt zu werden. »Aber Herr Veigele, Sie liegad mit einem der besten Fernseh-Komiker en oim Zemmer! Andere dädad sich dodrom reißa!« Da röchelt der Patient gequält: »Lachad doch Sie amol dr ganz Dag mit ra frischa Operationsnarbe!«

Schreckensbleich taumelt ein Briefträger in die Arztpraxis: »Schnell, Herr Dokter, mi hod an Hond en da Fuß bissa!« Besorgt schüttelt der Arzt den Kopf: »Au weh, des sieht aber ned guad aus. Hend Sie do ebbas drauf doa?« »Noe, Herr Dokter, dem Hond hods ao so gschmeckt!«

Erich bittet seinen Hausarzt, den Herzschrittmacher zu untersuchen. Nach der Untersuchung konstatiert der Mediziner: »Ällas ischd en beschder Ordnung. Wie macht sich denn der Fehler bemerkbar?« Erich berichtet: »Emmer, wenn i stark huste, gangad bei maim Nochber boide elektrische Garaschator auf!«

Der Arzt blickt besorgt auf das Fieberthermometer seines Patienten, eines Zehnkampf-Leistungssportlers. »Ach je, des Fieber ischd wieder gschdiega. Mir send jetzt scho bei 41,5!« Der Athlet hebt vorsichtig den Kopf und fragt mit brüchiger Stimme: »Ond wo liegt zur Zeit dr deutsche Rekord?«

Schmerz lass noch, dr Dokter kommt

Der Hausarzt eröffnet dem Patienten: »Ihre Leida hend Se offasichtlich von Ihrem Vater gerbt.« Der junge Mann meint dann sarkastisch: »Herr Dokter, no däd i vorschlaga, dass Se ihm ao dui Rechnung schickad!«

Als der Patient sich entkleidet, wendet sich der Arzt mit gerümpfter Nase ab. »Sie solldad dringend amol a Bad nehma.« »Aber Herr Doktor, i bade jeden Dag.« »Dann solldad Se vielleicht amol s Wasser wechsla!«

Ein Mann kommt zu seinem Hausarzt, bedeckt mit Platzwunden und Blutergüssen. Er berichtet, dass diese Verletzungen von seiner Frau stammen würden. Der Mediziner wundert sich: »I hann denkt, se sei verreist?« Da nickt der Patient betrübt: »Des hann i ao denkt!«

Eine Krankenschwester in der Psychiatrie: »Herr Dokter, was machad denn mir mit dem Neuzugang, der sich für an Wolf hält?« »Auf koin Fall derf ihn sai Großmutter bsucha!«

Im Wartezimmer sichtet Frank ganz nervös die Zeitschriften und fragt einen anderen Patienten: »Ischd der Dokter etwa an Ahfänger? Die Zeitschrifta send jo älle ganz neu!«

Was em Gschäft ällas bassiert

Die Kundin schaut dem Verkäufer tief in die Augen und fragt mit verführerischer Stimme: »Könndad Sie denn am Preis no ebbas macha?« Der Verkäufer antwortet in ebenso schmeichelndem Ton: »Aber selbstverständlich, gnädige Frau, i ka Ihne die Nulla ausmola. Sie dürfad sich ao a Farb selber raussucha!«

Erik hat ein Foto seiner Schwiegermutter auf dem Schreibtisch stehen. Verwundert erkundigt sich ein Kollege nach dem Grund. Erik erklärt ihm: »Emmer, wenn Probleme aufdauchad, egal wie groß, guck i des Foto ah ond weg send se!« Sein Kollege anerkennend: »Ach, des ischd aber lieb von dir!« Erik nickt: »I guck des Bild ah ond denk, welches Problem ka no größer sai als des?«

Was em Gschäft
ällas bassiert

Die Sekretärin ist unsicher und fragt den Direktor: »Wellad Sie wirklich ›Hochachtungsvoll‹ schreiba? An den Betrüger ond Halsabschneider?« Nachdenklich nickt der Chef: »Sie hend recht. Schreibad Se ›Mit kollegialem Gruß‹!«

Herr Kastner wird von dem Disponenten seiner Hausbank angerufen, der ihm offenbart, dass sein Konto eine Überziehung von 3000 Euro aufweist. Der Kunde fragt zurück: »Wie war denn main Kontostand letschd Woch?« Der Bankangestellte schaut nach: »Des waren 4000 Euro Guthaben!« »Also, ond hann i Sie deshalb ahgrufa?«

Zwei Kunden unterhalten sich beim Verlassen der Bank: »Des ischd doch schizophren! Heutzutag kriegt mer jo bloß no an Kredit, wenn mer nochweisa ka, dass ma ihn gar ned nötig hod!«

Die Baukommission spricht mit Herrn Pfleiderer: »Die neue Bahnlinie führt direkt durch Ihr Haus. Selbstverständlich erhalten Sie eine angemessene Entschädigung!« »Moment mol, maine Herra!«, unterbricht sie der Herr Pfleiderer entrüstet, »über Geld könnad mir später schwätza, aber glaubad Sie em Ernst, dass i jedes Mol d Tür aufmach, wenn an Zug kommt?«

Was em Gschäft ällas bassiert

Eine junge Dame kommt ins Fundbüro und meldet: »I hann gestern 20 Euro vrlora!« Der Beamte: »Bedaure, aber en letschder Zeit send bloß größere Schai abgeba worda.« Sie lächelt ihn an und meint: »Des macht nix, i ka rausgeba!«

»Mensch, jetzt ischd Mittag ond s Fundbüro hod emmer no ned offa, was ischd denn do heut los?«, beschwert sich Frau Semmler. Die Dame an der Zentrale bedauert: »Des gohd leider no a bissle, der zuständige Beamte hod sain Zemmerschlüssl vrlora!«

Eine Bäuerin kommt ins Rathaus: »Mai Ma ischd gschdorba.« Der Beamte fragt, ob sie eine ärztliche Sterbeurkunde hätte. »Noe«, sagt die Bäuerin, »mai Ma ischd ohne ärztliche Hilfe gschdorba!«

Herr Müller schreibt an die Redaktion des Rechtschreiblexikons einen bösen Brief: »Es ist einfach unglaublich, dass man in Ihrem so teuren Lexikon noch nicht einmal das Wort ›Hübnose‹ findet!«

Der Gerichtsvollzieher zum Buchhalter: »I möcht Ihren Chef sprecha!« »Do hend Se Pech, er ischd leider ned do!« »I hann ihn doch durchs Fenster gseha!« »Er Sie ao!«

Was em Gschäft
ällas bassiert

Der Direktor trifft im Aufzug auf einen neuen Auszubildenden. »Na, wie hoischd du denn?«, fragt er gönnerhaft. »Julius Schmied, Direktor!« »Also i bens scho gwöhnt, dass ma Herr secht!«, rügt der Direktor. Worauf der Azubi erwidert: »Wie Se wellad! Also, i hoiß Herr Julius Schmied, Direktor!«

Ein neu zugezogener Mann kommt ins Einwohnermeldeamt. Der Beamte fragt ihn: »Wie hoißad Sie?« Der Mann sagt: »Mein Name ist Lang.« Da antwortet der Beamte: »Des macht nix! Sagad Se ihn ruhig, i hann Zeit!«

Jürgen erzählt einem Kollegen in der Kantine: »Solang onser Chef so dud, als däd er mi richtig zahla, dur i so, als däd i richtig schaffa!«

Der Chef lehnt sich nach dem Diktat im Sessel zurück und sagt erwartungsfroh zu seiner neuen Sekretärin: »Bitte lesad Ses mir vor, i ben auf Ihr Version gschbannt!«

Die letzten Worte Friedrichs als Angestellter seiner Firma beim Betriebsfest: »Hicks! Du Penner siehschd aus wie main Chef!«

Was em Gschäft
ällas bassiert

Herr Zehetmaier hat 100 Euro zu viel in seiner Lohntüte. Er sagt aber nichts zu seinem Personalchef. Als ihm beim nächsten Lohn der Betrag wieder abgezogen wird, beschwert er sich. Der Personalchef fragt, wieso er denn vor vier Wochen nichts gesagt hätte. Da brummt der Arbeiter: »Ha, oimol lässt ma sich an Fehler jo gfalla, aber so ebbas derf hald ned aireißa!«

Richard erzählt seinem Kollegen verwundert: »Woisch du, was komisch ischd?« Interessiert blickt dieser auf: »Was denn?« »Jedes Mol, wenn i main Kontoschdand em Internet aufruf, wird a Werbefenschder für Papiertaschatücher aiblendad!«

Der Direktor mustert wohlwollend seinen neuen Buchhalter: »Wie send denn Ihre Gehaltsvorstellunga?« Bescheiden meint dieser: »I möcht hald ab dr Monatsmitte no mit dr Karte ond ned mit Strumpfmask des Geld von dr Bank abhola könna!«

»Es gibt zwoi Sacha en dr Firma, auf die i allergröschda Wert leg!«, sagt der Chef zum Stellenbewerber. »Des oine ischd Reinlichkeit. Hend Sie übrigens draußa auf em Schuhabbutzer Ihre Füße abtreta?« »Ja, natürlich!« »Gut, des zwoite, was mir wichtig ischd, ischd absolute Ehrlichkeit. Draußa liegt nämlich gar koin Schuhabbutzer!«

Was em Gschäft ällas bassiert

Der Buchhalter wird beim Firmenjubiläum von einem Ehrengast gefragt: »Seid wann schaffad Sie denn en dera Firma?« Der Angestellte gesteht stammelnd: »Seid mir dr Chef mit Kündigung droht hod!«

Balthasar steht wutentbrannt vor seinem Personalchef und faucht: »Entweder Sie gebad mir jetzt a Gehaltserhöhung, oder i vrzehl em ganza Betrieb rom, dass i oina kriegt hann!«

Der Chef mustert die junge, blendend aussehende Sekretärin und meint dann wohlwollend: »Es handelt sich om a Dauerstellung. Es sei denn, mir machad Pleite oder mai Frau sieht Sie!«

»Ihr Art, mir zom antworta ond sich ned aischüchtera zu lassa, ischd mutig!«, sagt der Chef zu seinem Angestellten. »Sie send couragiert, Sie send offa, Sie send ehrlich. Sie send entlassa!«

Der Chef knöpft sich seinen Prokuristen vor. »Herr Schreiber, jeder Mensch muss doch a Ziel hann em Leba! Hend Sie denn koins?« Der Angesprochene schaut ihm direkt in die Augen und antwortet: »Doch, Herr Direktor, i will Ihr Vorgesetzter werda!«

Was em Gschäft
ällas bassiert

Ein Rechtsanwalt unterschreibt seine Post. Da findet er ein grässlich formuliertes Schreiben seines neuen Auszubildenden. Er lässt ihn kommen und brüllt ihn an: »An Mensch, wo sich ned ausdrücka ond so formuliera ka, dass des an anderer vrschdoht, ischd an Grasdackel! Hend Sie mi vrschdanda?« »Noe, Chef!«

Herbert trifft seinen Kollegen an der Kaffeemaschine. »He Jürgen, i hann ghört, du bischt Vatter worda! Gratuliere! Mensch, wie gohds denn dainer Frau?« »Gut«, antwortet Jürgen bedrückt, »jedenfalls solang se nix drvo erfährt!«

Zwei Unternehmer unterhalten sich: »Sag mol, i hann ghört, du hoschd finanzielle Sorga mit daim Betrieb?« »Jo, aber des ischd jetzt vorbei!«, nickt der andere erleichtert, »i hann oin für 10 000 Euro em Monat aigschdellt, wo mir älle Sorga abnemmt!« »Ond woher brengschd du denn des Geld?« »Des ischd jetzt dem sai Sorg!«

Der neue Personalchef faucht in der Mitarbeiterversammlung: »Wenn i zukünftig die Büros betret, möcht i seha, dass Sie schaffad wie die Bronnabutzer!« Der Betriebsratsvorsitzende erwidert grinsend: »Wenn Sie vorher ahklopfad, wie sichs ghört, ischd des koi Problem für ons!«

Was em Gschäft
ällas bassiert

Der Abteilungsleiter stürzt schreckensbleich in das Büro des Direktors. »Chef, denkad Se no, onser Compjuter dreht durch!« »Worom denn des?« »Der vrlangt auf oimol kürzere Onlainzeita ond a Programmiererin, wo ebbas gleichsieht!«

Tobias fragt den Kollegen Markus nach seinem Urlaub: »Ond, was gibt's Neus?« Dieser hebt traurig den Kopf: »Mai Frau betrügt mi!« Worauf Tobias unwirsch antwortet: »I hann gfrogt, obs was Neus gibt!«

Zwei Sekretärinnen schwärmen in der Kaffeepause über ihren Chef. Haucht die eine: »Der zieht sich emmer so toll ah.« Nickt die andere bestätigend: »Ond vor allem so schnell!«

Der Personalchef fragt den Arbeitsuchenden: »Wie lang warad Se denn an Ihrer letschda Arbeitsstell beschäfdigt?« »Dreizehn Johr lang!« »Ond worom send Se do jetzt ganga?« »I ben begnadigt worda!«

Der Betriebsleiter fragt beim Einstellungsgespräch: »Wieso ischd do a Lücke en Ihrem Lebenslauf?« Der junge Mann antwortet seufzend: »Do hod sich mai Mama a iPad kauft ond hod ihr Mailadress airichta wella!«

Was em Gschäft ällas bassiert

Der Bewerber um den ausgeschriebenen Posten gesteht dem Personalchef zaghaft: »Oins muss i Ihne ehrlicherweise no saga, i ben zemlich abergläubisch.« Der Mann nickt verständnisvoll und sagt: »Des macht gar nix, no zahlad mir Ihne eba koi dreizehnts Monatsgehalt!«

Rudolf kommt zu spät zur Arbeit mit der Begründung, Durchfall gehabt zu haben. Der Abteilungsleiter fragt ihn: »Wann hend Se denn die Beschwerda zom ersta Mol ghed?« »En dem Moment, wo i auf em Parkplatz vom Fahrrad gschdiega ben ond maine Fahrradklammera hann wegmacha wella!«

Am Strand hält die Gattin des Konzernchefs ihrem Mann eine Standpauke wegen seiner ständigen Nervosität. Ärgerlich erwidert er: »Wie soll i mi denn entspanna ond mir an schöna Dag macha, wenn des maine Ahgschdellte em Büro genauso machad?«

Im Zoo ist der letzte Gorilla gestorben. Ein Sportstudent übernimmt gegen gute Bezahlung diese Rolle im Gorillakostüm. Er brüllt, klettert, hängt sich an ein Seil und schwingt und schwingt, plötzlich rutscht er ab und landet im Löwenkäfig. »Hilfe, Hilfe!«, schreit der Student. Da flüstert ihm ein Löwe zu: »Hald bloß dai Maul, sonschd send mir boide onsern Job los!«

Wer solche Fraind hod

Der flotte Rainer versucht, mit einer hübschen jungen Dame anzubändeln: »Sie hend jo wundervolle Zähne, Fräulein Kehrer!« Zart errötend haucht sie zurück: »Danke, die hann i von mainer Mama gerbt.« Rainer ist entzückt: »Ach wie schö, dass die Ihne ao passad!«

Ferdinand trifft eine ehemalige Schulkameradin und ruft begeistert aus: »Du siehschd richtig gut aus. Hoschd du abgnomma?« Worauf die Angesprochene ärgerlich zurückfragt: »Sag mol, hoschd du mi grad rückwirkend als fett bezeichnet?«

Wer solche Fraind hod

Roland geht kurz nach Feierabend noch einmal über die Baustelle und bemerkt eine liegen gelassene Schaufel, auf der mit Kreide geschrieben steht: ›Räum ao bitte dui Schaufl auf, i hanns vrgessa. Gruß Peter.‹ Am nächsten Morgen findet Peter die Schaufel noch am selben Platz liegend wieder, aber jetzt steht darauf: ›I hann se ned gfonda, deshalb hann i se ao ned wegräuma könna. Gruß Roland!‹

Auf der Straße treffen sich zwei Freundinnen. Meint die eine: »Mai Vrmieter will, dass i bis zom Monatsende auszoga ben!« Darauf beteuert die andere: »Do hoschd du aber no Glück! Mainer will des jeden Obend!«

Hans-Peter ruft seinen Freund Frieder an: »Was machschd du grad?« Frieder: »I hör mir Walgesänge ah!« »Ond was macht dai Frau?«, will Hans-Peter weiter wissen. »Dui liegt en dr Badwann ond sengt!«

Aufgeregt läuft ein Student durchs Wohnheim. »Was ischd denn los, Thorsten?«, will ein Kommilitone wissen. »Mir hod oiner gschrieba ond schreckliche Prügl ahdroht, wenn i ned sofort sai Tochter en Ruha lass!« Der Mitstudent rät: »No vrgiss hald des Mädle.« »Leichter gsagt als do. I ka nämlich dui Onderschrift ned entziffera!«

Wer solche Fraind hod

Nach längerer Suche fragt Paul die Mitglieder seiner Wohngemeinschaft: »Sagad amol, wissad ihr zuafällig, wo mai Buach über alternatives Heizen ischd?« Die Antwort erfolgt mehrstimmig: »Em Ofa!«

Zwei Freunde treffen sich zom Tennis. Andreas meint: »Du, dai Danzailag gestern Obend am Glühwaistand war fai super!« Worauf der Angesprochene schmerzhaft sein Gesicht verzieht: »Was hoißt do danzt? I hann vrsucht, aufrecht nahzomstanda!«

Ein Deutschlehrer hat sich verliebt. Er fragt seinen Schwarm auf den Knien: »Möchtest du meine Frau werden?« »Oh, jo!« Er daraufhin streng: »Bitte in einem ganzen Satz antworten!«

Der plötzlich reich gewordene Nachbar erzählt am Gartenzaun: »I hann des Geld von ma entfernta Vrwandta gerbt.« Sein Gegenüber beugt sich interessiert vor und fragt: »Ond, wie hoschd du den Vrwandta entfernt?«

Der flotte Guido flüstert seiner neuen Freundin ins Ohr: »Heut Nacht hann i träumt, dass Sie mi mögad. Was mag des wohl bedeuda?« Sie antwortet spontan: »Dass Sie träumt hend!«

Wer solche Fraind hod

Gerhard bedrängt eine junge Dame, aber sie weist ihn zurück, mit der Begründung: »Bevor mir ned vrheiradad send, mach i des ned, weil es a Sünde ischd ond weil i des maine Eltern vrsprocha hann ond ao, weil i henderher emmer so furchtbare Kopfschmerza hann!«

Zwei Freunde treffen sich. Sagt der eine: »I gang en d Volkshochschul, des ischd hoch interessant. I woiß jetzt ao, wer dr Euripides ond dr Sophokles gwesa send« Daraufhin meint der andere: »Kennschd du ao da Karipides?« »Noi, wer ischd denn des?« »Des ischd der Grieche, der emmer dai Frau bsucht, wenn du en dr Volkshochschul bischd!«

Bernhard lernt auf einer Ü-30 Party eine nette Dame kennen und kommt mit ihr ins Gespräch: »Wie alt bischd du denn?« Sie kontert: »Ma frogt a Frau ned noch ihrem Alter!« Bernhard erschrocken: »Du hoschd recht. Wie viel wiegschd du denn?« Worauf sie hastig antwortet: »I ben 38!«

Zwei Geschäftsleute treffen sich. »Du, Heiner, hoschd denn du ned dai Haus vrkaufa wella?« »Ja scho, aber wo i dui Beschreibung von dem Makler glesa hann, war i so begeischdert, dass ihs doch bhalta hann!«

Wer solche Fraind hod

Betrübt erzählt Reinfried seinem Kollegen im Büro: »Des war jetzt scho de fünft Frau, die main Heiratsahtrag abglehnt hod.« Sein erfahrener Kollege rät ihm daraufhin: »Do musst du aber en Zukunft zemlich vorsichtig sai. Du wirschd ned emmer so viel Glück hann!«

Zwei frühere Schulfreundinnen sitzen in einem Straßencafé. Plötzlich ruft eine: »Guck mol, der mit dem Vollbart. Ischd denn des ned an ehemaliger Klassakamerad von ons aus dr Grundschul?« »Des ischd doch Quatsch!«, wiegelt die andere ab, »mir hend doch gar koin mit Vollbart en onserer Klass ghed!«

Zwei Sportkameraden unterhalten sich nach dem Training. »Sag mol, Marcel, was nemmschd denn du eigentlich noch dr Rasur zur Pflege von dainer Gsichtshaut?« Der meint resignierend: »Meischdens Heftpflaster!«

Ein Nachbar rät seinem Sportkameraden: »Du sollteschd nachts ao daine Vorhäng zuzieha. Gestern hann i gseha, wie du dai Frau vrküsst hoschd.« Dieser lacht hell auf und meint: »Do sieht mr amol wieder, wie mr sich däuscha ka. Gestern war i überhaupt ned drhoim!«

Wer solche
Fraind hod

Hartmut schreibt seiner Freundin eine SMS-Nachricht: »Dai Katz sitzt vor dr Haustür ond wardad drauf, dass du se railäschd ond mit ihr kuschelschd!« Sie schreibt umgehend zurück: »Woher willschd denn du des wissa?« Umgehend kommt die Antwort: »Weil i drneba sitz ond aufs Gleiche warde!«

Veronika fragt ihre Schulfreundin beim Klassentreffen: »Sag mol, Mona, du warschd doch mit dem Fußballspieler vrlobt. Worom hend ihr denn ned gheiradad?« Die Freundin betrübt: »I ben leider em Viertlfinale ausgschieda!«

Zwei Freundinnen treffen sich beim Joggen. Eine berichtet aufgeregt: »Du, i glaub, onser Hausarzt muss mit dene Hormonpilla, die er maim Ma ond mir vrschrieba hod, ebbas vrwechselt hann!« »Wieso denn des?« »Ha, mai Ma strickt seit acht Dag an ma Pullover ond i muss mi rasiera!«

Frieder trifft seinen Schulfreund: »Mensch Heiner, du siehschd aus, wie wenn de grad em Graf Dracula begegnad wärscht. Hoschd du denn Probleme?« Heiner stammelt mit bleichem Gesicht: »I hann grad main Erb-Onkel troffa.« »Hod er di etwa enterbt?« »Noe, viel schlemmer, er hod mi ahbombt!«

Wer solche Fraind hod

Neulich an der Theke: »Was hod denn der Grafologe zo dainer Handschrift gsagt?« »I sei brutal ond hemmungslos!« »Ond was hoschd du no gsagt?« »I hann ihm glei amol oina an d Gosch nah ghaua!«

Zwei ehemalige Schulfreunde sitzen beim Klassentreffen zusammen. »Treibschd du Sport?« »Jo, i sammle Briefmarka.« »Aber des ischd doch koin Sport!« »Doch, i sammle Olympia-Briefmarka!«

Zwei ältere Herren unterhalten sich in der Sauna. Sagt der eine: »I möcht amol in Würde alt werda.« Der andere schüttelt bedächtig den Kopf und entgegnet: »Ond i lieber auf Mallorca!«

Zwei Manager sitzen abends am Tresen einer Hotelbar und sinnieren: »Sag mol Andi, dädeschd du eher auf Fraua oder auf Wai vrzichta?« Der Gefragte überlegt kurz und meint dann: »I sag mol so, des kommt ganz auf da Johrgang ah!«

Veronika flüstert ihrem neuen Freund ins Ohr: »Des war so sche gestern. Des müssad mir ohbedenkt wiederhola!« Er fragt etwas verwundert: »Ähm, mir hend ons doch gestern gar ned gseha?« Sie: »Eba!«

Wer solche Fraind hod

Hans-Günther sinniert am Stammtisch: »Ischd des euch ao scho mol bassiert, dass ihr obends ens Bett hend ganga wella ond ned hend könna, weil ihr vom Morga her no dren glega send?«

Zwei Freundinnen treffen sich: »Jetzt, was hod dr Dokter gmoint, wo du ihm gsagt hoschd, du kämschd auf mai Empfehlung?« Die Freundin antwortet etwas konsterniert: »Er hod gsagt, i müss em Voraus zahla!«

Ein Junggeselle baggert eine junge Dame an. Schließlich fragt sie ihn: »Willschd du mai Sonne sai?« Er stöhnt entzückt: »Jooo!« Worauf sie kontert: »Also, no bleib bitte 149 600 000 Kilometer weg von mir!«

Marc ruft bei seinem Kumpel an: »Hey, komm schnell rüber, i hann a Kischd Bier gfonda. Dui ischd über a Woch unentdeckt blieba.« Entsetzt fragt der Kumpel zurück: »Wie ka denn so ebbas bassiera?« »Do ischd a Kischd Mineralwasser drüber gschdanda!«

Am Stammtisch erzählt Kuno: »Em Kino ischd gestern für zehn Minuta dr Strom ausgfalla. Kuhanacht wars.« Einer am Tisch fragt: »Ond ischd no Panik ausbrocha?« Kuno: »Jo, aber erschd, wo s Licht wieder ahganga ischd!«

Wer solche Fraind hod

Zwei junge Mädchen unterhalten sich. »War dai Mama eigentlich a Einzlkend?« »Noi, sie ischd an Zwilling.« »Ach, des ischd jo intressant. Woischd du denn no emmer, welcha von dene zwoi dai Mutter ischd?« »Des ischd koi Problem für mi, weil dr Onkl Heinz hod an Bart!«

Eifrig erzählt Ronja ihrer Mutter: »I glaub, dass der jonge Kerle, mit dem i grad emmer ausgang, echt ernste Absichta hod.« »Wie kommschd jetzt ao do drauf?«, will die Mutter wissen. »Geschdern hod er mi sogar mit zo ihm hoim gnomma, um mi saine Eltern vorzomstella, aber leider warad se verreist!«

Der Onkel erkundigt sich bei seinem Patensohn: »Sag mol, Erik, hoschd du di denn ned mit dera Lehrerin verlobt ghed?« Erik nickt ärgerlich: »Des ischd vorbei. Emmer, wenn i zu ra Vrabredung zu spät komma ben, hod dui a Entschuldigung von maine Eltern vrlangt!«

Otto ist bei seinem Freund Jens zu Besuch und ruft erstaunt aus: »Wo hoschd du den tollen Flachbildfernseher her?« »Von dr Tombola beim Turnverai!« Otto weiter: »Älle Achtung, hoschd du da erschda Preis gwonna?« »Noi, i hann dui Tombola organisiert!«

Zum Weiterlachen ...

Winfried Wagner

Die 30 x 30 besten schwäbischen Witze

900 Mal lachen

Von A wie Arbeitsplatz bis Z wie Zwischenmenschliches: Der bekannte und beliebte Humorist und Schauspieler hat seine besten 900 schwäbischen Witze aus den vergangenen Jahren und Jahrzehnten zusammengestellt.

Kostprobe gefällig?

Ein Schwabe kommt mit seiner Frau an einem Würstchenstand vorbei. Sie schwärmt verzückt: »Oh, wiea des herrlich dufdad!« Worauf er gönnerhaft antwortet: »Ja – wenn du willschd, gangad mir auf em Rückweg nomol dra vorbei!«

224 Seiten.
ISBN 978-3-8425-2003-5

SILBERBURG